MÚSICA   CULTURA POP CINEMA

Copyright texto e design © Inniss, Miller & Stadden, 2017
Copyright ilustrações © 2017 (ver ilustradores nas pp. 78; 88-93); ilustração p. 4: © Tom Bunker;
ilustração p. 37: Tommy Lee, 1985 (Neil Zlozower/Atlasicons.com)
Título original: *Dark Side of the Spoon – The Rock Cookbook*
Publicado originalmente em inglês por Laurence King Publishing Ltd., 2017
Todos os direitos reservados

*Nenhuma parte desta publicação pode ser reproduzida, armazenada ou transmitida para fins comerciais sem
a permissão do editor. Você não precisa pedir nenhuma autorização, no entanto, para compartilhar pequenos
trechos ou reproduções das páginas nas suas redes sociais.*

Publisher
Gustavo Guertler

Coordenador editorial
Germano Weirich

Supervisora comercial
Jéssica Ribeiro

Gerente de marketing
Jociele Muller

Supervisora de operações logísticas
Daniele Rodrigues

Supervisora de operações financeiras
Jéssica Alves

Edição
Tatiana Vieira Allegro

Tradução
Fernando Scoczynski Filho

Preparação
Bia Nunes de Sousa

Revisão
Vivian Miwa Matsushita

Adaptação de capa e projeto gráfico
Celso Orlandin Jr.

Organizadores: Joseph Inniss, Ralph Miller e Peter Stadden
Texto: Joseph Inniss e Ralph Miller
Design gráfico: Peter Stadden
Ilustração de capa: Tom Bunker
(*Os textos em algumas ilustrações foram mantidos em inglês para preservar o trabalho original dos artistas*)

2024
Todos os direitos desta edição reservados à
Editora Belas Letras Ltda.
Rua Visconde de Mauá, 473/301 – Bairro São Pelegrino
CEP 95010-070 – Caxias do Sul – RS
www.belasletras.com.br

Dados Internacionais de Catalogação na Fonte (CIP)
Biblioteca Pública Municipal Dr. Demetrio Niederauer
Caxias do Sul, RS

I58d   Inniss, Joseph
       Dark Side of the Spoon: o livro de receitas do rock /
    Joseph Inniss, Ralph Miller and Peter Stadden;
    tradutor: Fernando Scoczynski Filho. - Caxias do Sul,
    RS: Belas Letras, 2024.
      96 p.

    Título original: Dark Side of the Spoon: The Rock
    Cookbook
    ISBN: 978-65-5537-428-5
    ISBN: 978-65-5537-431-5

    1. Receitas culinárias. 2. Rock (Música). I. Miller,
    Ralph. II. Stadden, Peter. III. Scoczynski Filho,
    Fernando. II. Título.

24/41   CDU 641.55

Catalogação elaborada por Vanessa Pinent, CRB-10/1297

Dark Side of the Spoon
O livro de receitas do rock

INNISS, MILLER & STADDEN

Tradução
Fernando Scoczynski Filho

Introdução

As melhores receitas têm muito em comum com as melhores bandas de rock: precisam agradar ao público, têm um toque de ousadia e podem ser aprimoradas com uma boa dose de improviso. Cada ingrediente de uma receita tem um papel importante a desempenhar para entregar uma performance verdadeiramente memorável. Seja ao criar um solo destruidor, seja ao fazer uma jam, *Dark Side of the Spoon: O livro de receitas do rock* serve a todos os gostos.

O rock'n'roll está cheio de conexões com o mundo gastronômico, desde *Appetite for Destruction*, do Guns N' Roses, até "Chop Suey!", do System of a Down, passando pela ocasião em que Ozzy Osbourne arrancou a cabeça de um morcego com os próprios dentes (fique tranquilo, o morcego não aparece como ingrediente em nenhuma receita aqui). Este livro tem o objetivo de aproximar a comida do rock.

Este é nosso segundo livro de receitas cheio de trocadilhos, após *Rapper's Delight: The Hip Hop Cookbook*. Desta vez, estamos celebrando o melhor do rock com pratos fáceis de preparar. Cada receita é inspirada em uma lenda do rock, tanto do passado quanto do presente, e é acompanhada de ilustrações criadas por nossos artistas favoritos exclusivamente para o livro.

Dark Side of the Spoon contém mais de 30 receitas deliciosas, elaboradas para cozinheiros de todos os níveis. Alguns pratos são como um riff pegajoso – simples, porém eficientes. Outros são como ouvir um álbum épico – complexos e extensos, mas extremamente recompensantes.

Criamos este livro para ser o mais acessível possível, e nada nele deve ser difícil demais para um cozinheiro de mente aberta. O ícone do botão de volume em cada receita indica quanta habilidade culinária será necessária para servir seu festival de sabores (e, como nos amplificadores do Spinal Tap, o volume aqui vai até 11). A escala bpm (batidas por minuto) indica quanto tempo cada receita leva para ser preparada e cozinhada.

Todas as receitas servem quatro pessoas, mas podem facilmente ser modificadas se você aumentar ou reduzir a quantidade de ingredientes, não importa quantas groupies você esteja servindo.

Na "Tabela de equipamentos" (páginas 8–9), você encontra tudo de que precisará antes de começar a cozinhar. A seção "Acompanhamentos" traz nossos complementos favoritos para ajudar a transformar sua refeição em um banquete. Também há a seção "Métodos avançados" (páginas 84–87), para aqueles que são mais confiantes na cozinha ou querem experimentar algo um pouco mais ambicioso.

Esperamos que este livro te entretenha e te eleve ao status de deus ou deusa do rock na cozinha. *Bon appetit!*

Equipe Dark Side of the Spoon

Sumário

Preparação

8 Tabela de equipamentos

Entradas

12 Fleetwood Mac & Cheese

14 Pig Floyd

16 Tofu Fighters

18 Patti Sanduíche

20 Captain Beeftarte

22 Suzi Quatro Queijos

24 Slip Nhoque

26 Status Pho

28 Rolinhos Offspring

30 Dim Sum 41

Pratos principais

34 Tex-Mex Pistols

36 Mötley Crüezido

38 ZZ Chop

40 Metallikatsu Curry

42 Ramenstein

44 Deep Pescado

46 Paella of Filth

48 Pargo Scream

50 Def Sheppard

52 Limp Brisket

Sobremesas

56 Iron Muffin

58 Slayer Cake

60 The Rolling Scones

62 Smashing Pumpkin Pie

64 Nirvana Split

66 Spinal Tapioca

68	Dire Dates
70	Sepultempurá: Sorvete frito
72	Judas Peach
74	Whitesnaked Alaska

Acompanhamentos

78	Bruce's Spring Greens
78	Korn on the Cob
80	PoToto Roasties
80	Bachman-Turnip Overdrive
81	Salada Soundgarden
81	Andrew W. Kale

Faixas bônus

84	Mistura de temperos para *pho*
84	Caldo de ossos para *pho*

85	Molho sweet chili
85	Separando a gema de um ovo
86	Tempero picante de fajita
86	Tirando o filé de um peixe
87	Massa para torta
87	Bolo esponja
88	Índice de receitas – Entradas
90	Índice de receitas – Pratos principais
92	Índice de receitas – Sobremesas
94	Informações nutricionais
95	Setlist
96	Encerramento

Tabela de equipamentos

Aqui você encontra uma lista de equipamentos de que pode precisar para fazer os pratos deste livro. Para a maioria das receitas, presumimos que você já tenha os itens básicos de uma cozinha, como panelas, frigideiras, tigelas, um escorredor e um forno. Esta tabela foi feita para destacar as coisas incomuns que podem ser necessárias para uma receita específica.

Fleetwood Mac & Cheese
Pig Floyd
Tofu Fighters
Patti Sanduíche
Captain Beeftarte
Suzi Quatro Queijos
Slip Nhoque
Status Pho
Rolinhos Offspring
Dim Sum 41
Tex-Mex Pistols
Mötley Crüezido
ZZ Chop
Metallikatsu Curry
Ramenstein
Deep Pescado
Paella of Filth
Pargo Scream
Def Sheppard
Limp Brisket
Iron Muffin
Slayer Cake
The Rolling Scones
Smashing Pumpkin Pie
Nirvana Split
Spinal Tapioca
Dire Dates
Sepultempurá: Sorvete frito
Judas Peach
Whitesnaked Alaska

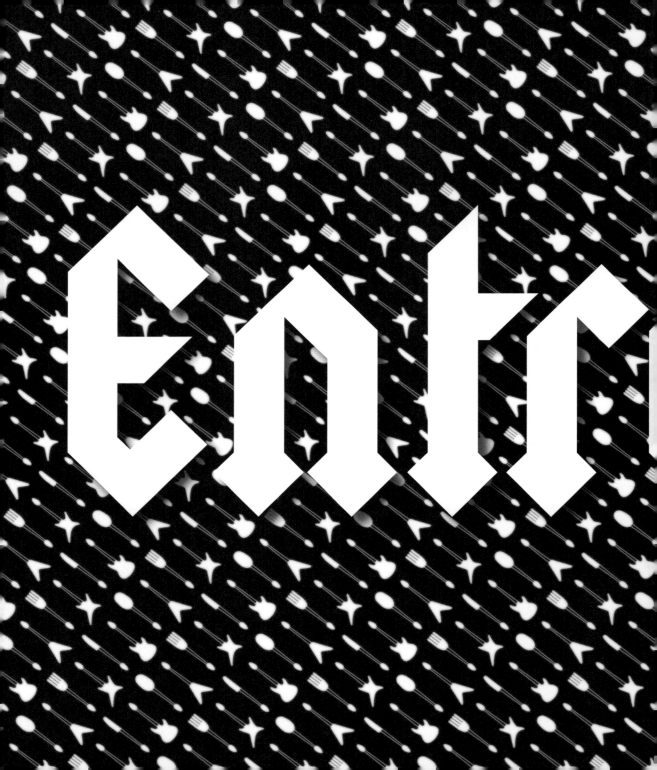

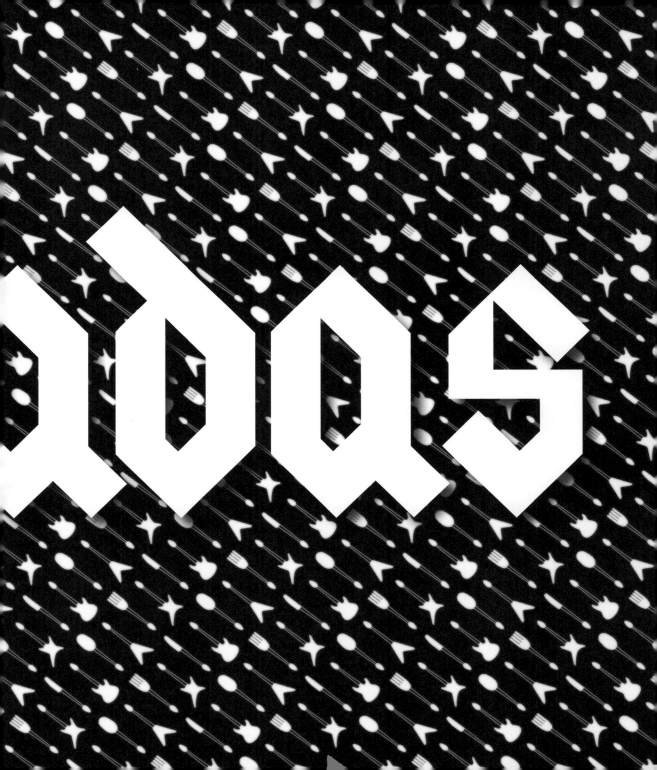

Fleetwood Mac & Cheese

Você pode cozinhar do jeito que quiser (... mas sugerimos cozinhar assim)

Dificuldade

Descrição
Macarrão crocante com couve-flor e queijo

B.P.M.
25 minutos de preparo
25 minutos de cozimento

Ingredientes
1 couve-flor
400 g de macarrão caracol
um fio de azeite de oliva
60 g de manteiga
4 colheres (sopa) de farinha de trigo
350 ml de leite integral
200 g de queijo cheddar inglês maturado, ralado
1 colher (chá) de mostarda de Dijon
sal e pimenta-preta moída na hora

Modo de preparo

1. Descarte o talo e as folhas da couve-flor, depois corte-a em quartos.
2. Coloque a couve-flor e o macarrão em uma panela grande com água fervente. Acrescente 1 pitada de sal e o azeite para evitar que o macarrão grude. Cozinhe por 20 minutos, até que a couve-flor se desmanche.
3. Enquanto o macarrão e a couve-flor estiverem cozinhando, preaqueça o forno a 200°C e faça o molho de queijo.
4. Derreta a manteiga em uma panela em fogo médio, então acrescente 2 colheres (sopa) de farinha e mexa com um batedor de mão.
5. Acrescente o restante da farinha aos poucos, ½ colher (sopa) por vez, para não empelotar. Quando formar uma pasta grossa, despeje o leite devagar, mexendo sempre, para deixar a mistura o mais lisa possível. Cozinhe o molho por 3 a 4 minutos, mexendo para não empelotar, até engrossar.
6. Acrescente 125 g do queijo cheddar e mexa até incorporar. Acrescente a mostarda e misture bem.
7. Coloque a couve-flor e o macarrão em um escorredor e desmanche os ramos de couve-flor (ela deve se desfazer em pedaços ainda menores).
8. Coloque a mistura de macarrão e couve-flor em uma assadeira e despeje o molho de queijo cheddar sobre ela. Depois tempere com uma pitada de sal e pimenta-preta e misture tudo.
9. Espalhe por cima o restante do queijo cheddar.
10. Leve ao forno e asse por 25 minutos, até a parte de cima ficar dourada e crocante. Se quiser que fique ainda mais crocante, ligue a função "grill" do forno nos últimos minutos.

Pig Floyd

Queria que você estivesse aqui (comendo torresmo comigo)

Dificuldade

Descrição
Torresmo caseiro picante, servido com mostarda à moda antiga

B.P.M.
10 minutos de preparo
25 minutos de cozimento

Ingredientes
250 g de pele de porco
2 colheres (chá) de sal refinado
2 colheres (chá) de cominho em pó
1 colher (chá) de pimenta-calabresa
3 colheres (sopa) de vinagre de vinho branco
2-3 colheres (chá) de mostarda à moda antiga

Modo de preparo
1. Preaqueça o forno na temperatura mais alta possível.
2. Fatie ou corte a pele de porco em tiras finas (talvez seja mais fácil utilizar uma tesoura). A largura deve ser aproximadamente a mesma do seu polegar, e o comprimento, o de seu dedo.
3. Coloque as fatias de pele em uma assadeira com grelha, com a pele virada para cima.
4. Polvilhe o sal, o cominho e a pimenta-calabresa sobre as fatias de pele.
5. Coloque o vinagre de vinho branco em uma tigela pequena e umedeça as fatias de pele com um pincel culinário (cuidado para não tirar o tempero delas).
6. Leve a assadeira ao forno por 20 minutos (conforme as fatias assam, elas vão se retrair e enrolar). Após 20 minutos, vire as fatias, para que a pele fique para baixo e a gordura, para cima, e asse por mais 5 minutos.
7. Retire do forno e sirva em um prato ou tábua acompanhado da mostarda.

Pink Floyd — Wish You Were Here

Tofu Fighters

Aprender a refogar

Dificuldade

Descrição
Refogado de tofu com mel e gengibre

B.P.M.
5 minutos de preparo
20 minutos de cozimento

Ingredientes
200 g de tofu firme
1 colher (chá) de amido de milho
1 pitada de sal
3 colheres (sopa) de óleo de girassol
2 colheres (sopa) de mel
2 dentes de alho
1 pedaço de 5 cm de gengibre
8 cebolinhas
2 pimentas dedo-de-moça
1 pimentão amarelo
1 limão
1 colher (sopa) de molho de soja
2 colheres (sopa) de sementes de gergelim

Modo de preparo
1. Corte o tofu em cubos de 2,5 cm, coloque-os em uma tigela, acrescente o amido de milho e o sal e misture.
2. Coloque papel-toalha sobre um prato (para absorver o excesso de óleo do tofu).
3. Aqueça o óleo de girassol em uma wok na temperatura mais alta possível por 2 minutos.
4. Acrescente o tofu à wok e frite, mexendo por cerca de 6 minutos até ficar dourado e crocante.
5. Desligue o fogo e use um pegador para colocar o tofu sobre o papel-toalha, a fim de remover o excesso de óleo. Não descarte o óleo que ficou na wok.
6. Transfira o tofu para uma tigela e despeje o mel por cima.
7. Descasque e pique o alho. Descasque o gengibre e corte-o em tiras finas.
8. Remova e descarte a raiz das cebolinhas e corte os talos em pedaços de 4 cm. Corte ao meio as pimentas dedo-de-moça e o pimentão amarelo, raspe e descarte as sementes, depois fatie em tiras finas. Corte o limão ao meio e reserve.
9. Aqueça a wok em fogo médio e deixe o óleo esquentar por 30 segundos.
10. Acrescente o alho, o gengibre, a cebolinha, a pimenta e o pimentão e cozinhe por 5 minutos, mexendo sempre.
11. Esprema o suco do limão na wok e acrescente o molho de soja.
12. Divida a mistura que está na wok em 4 tigelas, depois distribua o tofu pelas tigelas, colocando-o por cima dos vegetais. Por último, polvilhe ½ colher (sopa) de sementes de gergelim sobre cada porção.

Foo Fighters — Learn to Fly

Patti Sanduíche

Porque a noite pertence ao hambúrguer

Dificuldade

Descrição
Mini-hambúrgueres com salada e queijo cheddar

B.P.M.
15 minutos de preparo
15 minutos de cozimento

Ingredientes
3 dentes de alho
1 cebola-roxa
1 colher (sopa) manteiga
500 g de carne bovina moída
1 pitada de sal
1 colher (chá) de pimenta-preta em pó
1 colher (chá) de pimenta-calabresa
2 colheres (chá) de páprica defumada
1 ½ colher (chá) de semente de coentro em pó
1 ovo
100 g de queijo cheddar
1 colher (sopa) de azeite de oliva
1 punhado de folhas de alface
2 tomates
4-6 minipães de hambúrguer

Modo de preparo
1. Descasque e pique o alho e a cebola-roxa.
2. Aqueça a manteiga em uma frigideira em fogo baixo.
3. Acrescente o alho e a cebola à frigideira com a manteiga e cozinhe por 4-5 minutos, até ficarem macios, mas antes de dourarem, e tire a frigideira do fogo. Passe o alho e a cebola para uma tigela e deixe resfriar por 5 minutos.
4. Coloque a carne moída em uma tigela e tempere com o sal, a pimenta-preta, a páprica, o coentro e um pouco da pimenta-calabresa.
5. Quebre e bata o ovo em uma pequena tigela, depois adicione-o à carne moída.
6. Acrescente a cebola e o alho à carne moída.
7. Com as mãos, misture bem a carne moída e os outros ingredientes até formar uma bola homogênea.
8. Separe pedaços dessa mistura, aproximadamente do tamanho da palma de sua mão. Faça bolinhas com eles, depois achate-as para fazer mini-hambúrgueres. Essa mistura deve render aproximadamente 12 mini-hambúrgueres (dependendo do tamanho deles). Deixe que a carne fique bem compactada nos hambúrgueres, para evitar que eles se despedacem na frigideira.
9. Corte o queijo em pequenas fatias e os tomates, em rodelas. Reserve para montar os hambúrgueres depois.
10. Aqueça uma frigideira com azeite e coloque os hambúrgueres. Frite-os por 5-7 minutos, até ficarem dourados – vire-os para garantir que fiquem dourados de ambos os lados. Se preferir carne bem-passada, frite por mais tempo.
11. Quando todos os hambúrgueres estiverem fritos, monte os sanduíches: coloque a alface e o tomate em uma das metades do pão, depois o hambúrguer e o queijo, e feche com a outra metade do pão. Repita o processo com o restante dos hambúrgueres e pães.

Patti Smith — Because the Night

Dark Side of the Spoon

Captain Beeftarte

Estou satisfeito (com as *tartes*)

Dificuldade

Descrição
Tarte de massa folhada recheada com carne e um toque de chocolate e canela

B.P.M.
40 minutos de preparo
30 minutos de cozimento

Ingredientes
250 g de tomates para salada
1 colher (sopa) de azeite de oliva
300 g de carne bovina moída
2 colheres (sopa) de farinha de trigo
160 g de massa folhada
2 colheres (sopa) de canela em pó
20 g de chocolate meio amargo
1 ovo

Modo de preparo
1. Preaqueça o forno a 220ºC.
2. Pique metade dos tomates em cubos e reserve. Deixe os demais inteiros por enquanto.
3. Em uma frigideira em fogo alto, aqueça o azeite.
4. Acrescente a carne moída à frigideira e cozinhe por 10 minutos, até ficar dourada. Mexa sempre para manter a carne soltinha.
5. Retire a carne da frigideira e coloque-a sobre uma peneira, deixando-a escorrer na pia por 10 minutos. Isso é importante, pois evita que a umidade da carne amoleça a massa folhada na hora da montagem.
6. Forre duas assadeiras com papel-manteiga, depois polvilhe metade da farinha sobre elas.
7. Forre uma superfície limpa com o restante da farinha e abra a massa folhada em um retângulo, depois corte em quatro partes, formando retângulos menores. Transfira para as assadeiras, deixando dois dedos de espaço entre cada pedaço.
8. Misture bem a carne moída e os tomates em cubos em uma tigela.
9. Divida a mistura de carne moída e tomate entre os retângulos de massa, arrumando o recheio no centro e deixando uma borda de 3 cm de todos os lados.
10. Polvilhe a canela sobre a carne, depois rale o chocolate meio amargo por cima.
11. Corte os tomates restantes em tiras com uma faca afiada, o mais fino possível, descartando as sementes, e disponha-os sobre a carne moída.
12. Quebre e bata o ovo em uma pequena tigela, depois use um pincel para espalhá-lo sobre as bordas da massa.
13. Leve ao forno preaquecido e asse por 20 minutos.
14. Remova as *tartes* do forno e deixe-as amornar sobre uma grade de resfriamento por 5 minutos, antes de servir.

Entradas

Suzi Quatro Queijos

Se você não pode me dar amor (me dê pizza)

Dificuldade

Descrição
Quatro minipizzas quatro queijos

B.P.M.
1h25min de preparo
15 minutos de cozimento

Ingredientes
165 g de farinha de trigo para pão (e mais um pouco para polvilhar)
1 colher (chá) de fermento biológico seco instantâneo
½ colher (chá) de sal
½ colher (chá) de açúcar refinado
1 colher (sopa) de azeite de oliva
2 colheres (sopa) de leite
1 colher (sopa) de fubá (para enrolar a massa)
2 dentes de alho
60 g de manteiga
2 ramos de tomilho
125 g de muçarela fresca
50 g de queijo gorgonzola
100 g de queijo cheddar
50 g de queijo parmesão
pimenta-preta moída

Modo de preparo
1. Peneire a farinha em uma tigela grande, depois coloque o fermento em um dos lados da tigela e o sal e o açúcar do outro lado.
2. Faça um buraco no meio da farinha e despeje o azeite.
3. Aqueça o leite em uma tigela no micro-ondas ou em uma panela no fogão, até ficar levemente morno. Aos poucos, despeje o leite no centro da farinha.
4. Acrescente 115 ml de água morna à farinha e misture com as mãos até obter uma massa homogênea e firme.
5. Peneire um pouco de farinha sobre uma superfície limpa e coloque a massa sobre ela.
6. Sove a massa por 5 minutos, depois modele uma bola.
7. Cubra a massa com a tigela grande e deixe-a crescer por 1h15min, ou até dobrar de volume.
8. Passado esse tempo, preaqueça o forno a 220ºC e forre uma assadeira com papel-manteiga.
9. Polvilhe uma superfície limpa com o fubá e coloque a massa sobre ela.
10. Dê um leve soco no centro da massa para tirar o ar de dentro. Sove por cerca de 1 minuto, depois modele uma bola.
11. Divida a bola em 4 pedaços. Polvilhe fubá sobre o rolo e abra cada pedaço de massa, o mais fino possível, até obter quatro discos. Coloque-os sobre o papel-manteiga na assadeira.
12. Descasque e pique o alho, então coloque-o em uma tigela refratária com a manteiga. Leve ao micro-ondas (ou aqueça em uma panela) por 30 segundos.
13. Retire as folhas dos ramos de tomilho e acrescente-as à manteiga derretida.
14. Espalhe a mistura de manteiga, alho e tomilho sobre as massas de pizza com um pincel.
15. Fatie a muçarela fresca e divida-a sobre as massas.
16. Fatie o queijo gorgonzola e divida-o sobre as massas.
17. Rale os queijos cheddar e parmesão e polvilhe-os sobre as massas.
18. Asse por cerca de 15 minutos, ou até as massas ficarem douradas.
19. Remova do forno e tempere com pimenta-preta a gosto antes de servir.

Slip Nhoque

Antes que eu esqueça (de comer)

Dificuldade

Descrição
Nhoque alho e óleo com um toque picante

B.P.M.
15 minutos de preparo
1h10min de cozimento

Ingredientes
500 g de batatas asterix
2 ovos grandes
1 pitada de sal
180 g de farinha de trigo (e mais um pouco para polvilhar)
4 ½ colheres (sopa) de azeite de oliva
5 dentes de alho
2 colheres (chá) de pimenta-calabresa
100 g de queijo parmesão
pimenta-preta moída

Modo de preparo
Para o nhoque:
1. Coloque as batatas (sem descascar) em uma panela com água e leve ao fogo alto.
2. Quando começar a ferver, abaixe o fogo e cozinhe por 50 minutos. Preaqueça o forno a 200°C.
3. Quando as batatas estiverem cozidas, escorra-as, descarte a água e coloque-as em uma assadeira. Leve ao forno por 10 minutos.
4. Retire as batatas do forno, corte-as na metade e use uma colher para retirar a polpa.
5. Coloque a batata de volta na panela e amasse bem com um garfo. Em seguida, passe a batata amassada por uma peneira, para garantir que não fique com grumos, e coloque-a em uma tigela grande.
6. Quebre os ovos nessa tigela e acrescente o sal.
7. Junte 150 g da farinha de trigo e misture até ficar homogêneo.
8. Polvilhe o restante da farinha sobre uma superfície limpa, coloque a massa sobre ela e enrole até formar uma bola.
9. Continue enrolando a massa até formar um cilindro comprido e fino. Depois, corte-o em pedaços pequenos, aproximadamente do tamanho do seu polegar. Agora, o nhoque está pronto para ser cozido. (Se você não for prepará-lo imediatamente, polvilhe farinha sobre ele para evitar que grude.)
10. Ferva água em uma panela grande e coloque o nhoque nela. Acrescente ½ colher (sopa) de azeite de oliva para evitar que grude.
11. Cozinhe por cerca de 3 minutos; quando estiverem prontos, os nhoques vão boiar. Retire-os com uma colher vazada e coloque-os em um escorredor.

Para o alho e óleo:
1. Descasque e pique o alho.
2. Aqueça o restante do azeite em uma frigideira em fogo alto. Acrescente o alho e a pimenta-calabresa e refogue por 2-3 minutos.
3. Tire a frigideira do fogo e coloque o nhoque, mexendo para garantir que fique coberto pelo molho. Em seguida, coloque o nhoque em uma travessa e regue com o restante do molho que estava na frigideira.
4. Rale o queijo parmesão sobre o nhoque e tempere com pimenta-preta a gosto.

Status Pho

O que você quiser (desde que não confunda com lámen)

Dificuldade

Descrição
Sopa vietnamita tradicional de carne com macarrão de arroz (*pho*)

B.P.M.
15 minutos de preparo
4h15min de cozimento

Ingredientes
1 cebola
1 pedaço de 8 cm de gengibre
2 litros de caldo de ossos* (opcional, ver passo 5)
450 g de rabo de boi
1 pacote de tempero para *pho**
400 g de contrafilé, cortado em 2 bifes
225 g de macarrão instantâneo de arroz
1 limão

Modo de preparo
Para o caldo:
1. Descasque a cebola e corte-a em quartos. Descasque e pique o gengibre.
2. Aqueça uma frigideira em fogo alto (não coloque óleo).
3. Coloque os pedaços de cebola e gengibre na frigideira e toste por 10 minutos, virando-os a cada minuto, aproximadamente.
4. Passado esse tempo, a parte exterior da cebola deverá estar levemente queimada (não se preocupe se o mesmo não acontecer com o gengibre). Tire do fogo e transfira o gengibre e a cebola para uma panela maior.
5. Se estiver usando seu caldo de ossos caseiro*, acrescente-o à panela. Se não, adicione 2 litros de água à panela e aqueça até ferver.
6. Reduza o fogo e acrescente o rabo de boi e o tempero de *pho*.
7. Tampe a panela e cozinhe em fogo baixo por 4 horas. Quando terminar de cozinhar, siga os próximos passos para fazer o *pho*.

Para o pho:
1. Coloque um coador sobre uma tigela refratária grande e coe o caldo – descarte os pedaços sólidos que sobrarem.
2. Leve o caldo de volta para a panela e aqueça-o em fogo baixo.
3. Fatie os bifes em tiras finas e reserve-os.
4. Ferva água em uma chaleira. Coloque o macarrão de arroz em uma tigela refratária e cubra com a água fervente. Deixe por 3 minutos.
5. Escorra e enxágue o macarrão, depois divida-o entre as 4 tigelas em que o *pho* será servido. Divida o caldo entre as 4 tigelas, despejando-o sobre o macarrão.
6. Divida o bife picado entre as 4 tigelas, dispondo-o sobre o macarrão de arroz. Aguarde 2 minutos. Corte o limão em rodelas e coloque uma em cada tigela antes de servir.

* Para aprender a fazer sua própria mistura de temperos para o *pho* e o caldo de ossos caseiro, veja os "Métodos avançados" na página 84.

Dark Side of the Spoon

Rolinhos Offspring

Bem estiloso (para uma fritura leve)

Dificuldade

Descrição
Rolinhos primavera vegetarianos

B.P.M.
20 minutos de preparo
5 minutos de cozimento

Ingredientes
1 pedaço de 2,5 cm de gengibre
1 dente de alho
125 g de acelga
125 g de cenoura
85 g de cogumelo shitake
1 punhado de folhas de hortelã
1 punhado de folhas de coentro
5 colheres (sopa) de óleo de girassol
60 g de macarrão instantâneo de arroz
85 g de broto de feijão
1 colher (chá) de molho de soja
1 colher (sopa) de amido de milho
8 massas de rolinho primavera (feitas com farinha de trigo, não com papel de arroz)
molho sweet chili* (opcional)

Modo de preparo
1. Descasque e fatie o gengibre em tiras finas. Descasque e pique o alho.
2. Fatie a acelga, as cenouras (descascadas) e os cogumelos em tiras finas. Pique a hortelã e o coentro.
3. Aqueça 1 colher (sopa) de óleo de girassol em uma wok, no fogo mais alto possível, por 2 minutos. Acrescente a acelga, a cenoura, o cogumelo, o gengibre e o alho e refogue por 4 minutos.
4. Tire a wok do fogo e transfira os ingredientes cozidos para uma tigela, para resfriar.
5. Ferva água em uma chaleira. Coloque o macarrão de arroz em uma tigela refratária e cubra com a água fervente. Deixe por 3 minutos.
6. Escorra e enxágue o macarrão. Escorra mais uma vez e devolva-o à tigela.
7. Acrescente a acelga, a cenoura, o cogumelo, o gengibre e o alho ao macarrão, então adicione o broto de feijão, a hortelã, o coentro e o molho de soja. Misture tudo.
8. Em uma tigela, misture o amido de milho com 2 colheres (sopa) de água, até formar uma pasta.
9. Coloque uma massa de rolinho de primavera sobre uma superfície plana, depois coloque ⅛ do recheio no centro, deixando um espaço de 5 cm entre o recheio e as bordas.
10. Dobre um lado da massa para cobrir o recheio, então passe um pouco da pasta de amido de milho nas extremidades da massa. Dobre as bordas mais curtas para dentro, sobre a dobra anterior, depois enrole a massa, apertando para fechar bem (a massa deve ficar selada para evitar que o rolinho se desmanche durante a fritura). Repita o processo com o restante das massas e do recheio.
11. Limpe a wok, coloque o restante do óleo e aqueça em fogo alto.
12. Quando o óleo estiver quente, coloque os rolinhos na wok, um de cada vez (evitando que encostem uns nos outros), e frite-os por 3-4 minutos, virando-os com um pegador, até ficarem dourados.
13. Deixe os rolinhos sobre uma grade de resfriamento e sirva-os com o molho sweet chili* (se desejar).

* Para aprender a fazer molho sweet chili caseiro, veja os "Métodos avançados" na página 85.

Entradas

Dim Sum 41
No fundo (do molho)

Dificuldade

Descrição
Petiscos (*dim sum*) servidos com molho picante

B.P.M.
30 minutos de preparo
8 minutos de cozimento

Ingredientes
1 pimenta dedo-de-moça
3 colheres (sopa) de óleo de gergelim
3 colheres (sopa) de molho de soja
1 punhado de broto de feijão
1 colher (chá) de açúcar refinado
½ colher (chá) de sal
1 ½ colher (sopa) de vinho de arroz
500 g de camarão grande, descascado e cru
1 pacote de massa para dumpling ou guioza
3 cebolinhas
2 dentes de alho
1 ovo grande
2 colheres (chá) de amido de milho
1 colher (chá) de molho de pimenta
4 fatias de pão de fôrma
4 colheres (sopa) de sementes de gergelim
300 ml de óleo de girassol

Modo de preparo

Para o molho dos dumplings:
1. Corte a pimenta dedo-de-moça ao meio no sentido do comprimento, descarte as sementes e pique em cubinhos. Em uma frigideira, aqueça 1 colher (sopa) do óleo de gergelim e refogue a pimenta por 1 minuto.
2. Transfira para uma tigela, acrescente o molho de soja, misture e reserve.

Para os dumplings:
1. Pique o broto de feijão e frite-os em uma frigideira com 1 colher (sopa) de óleo de gergelim por 3 minutos, até dourar. Tire do fogo e coloque em uma tigela.
2. Polvilhe o açúcar e o sal sobre o broto de feijão e misture.
3. Acrescente mais 1 colher (sopa) de óleo de gergelim e todo o vinho de arroz.
4. Bata metade do camarão em um processador até ficar uniforme. Acrescente à tigela com o broto de feijão e misture.
5. Pegue uma massa para dumpling, coloque um pouco da mistura de camarão no meio, dobre a massa por cima do recheio e feche o dumpling com dedos umedecidos. Repita com o restante das massas e do recheio.
6. Coloque água fervente na base de um cesto de cozimento a vapor. Coloque os dumplings no cesto, cubra e cozinhe no vapor por 5 minutos. Depois, transfira-os para uma frigideira sem óleo e toste em fogo médio por 1 minuto, para deixá-los crocantes.

Para a torrada de camarão:
1. Pique as cebolinhas e descasque o alho.
2. Coloque o restante do camarão no liquidificador e acrescente a cebolinha e o alho.
3. Separe a gema de um ovo* e coloque a clara no liquidificador.
4. Acrescente ao liquidificador o amido de milho e o molho de pimenta e bata até formar uma pasta espessa.
5. Corte as fatias de pão na diagonal, formando triângulos.
6. Espalhe a pasta de camarão nos triângulos, de forma que cubra o pão, e polvilhe as sementes de gergelim sobre a pasta.
7. Aqueça o óleo de girassol em uma panela funda por 2-3 minutos, em fogo alto.
8. Mergulhe o pão com o recheio no óleo e frite até ficar dourado, virando uma vez durante a fritura.
9. Retire as torradas e coloque sobre papel-toalha para absorver o excesso de óleo, então sirva-as com os dumplings e o molho.

* Veja os "Métodos avançados" na página 8

Sum 41 — In Too Deep

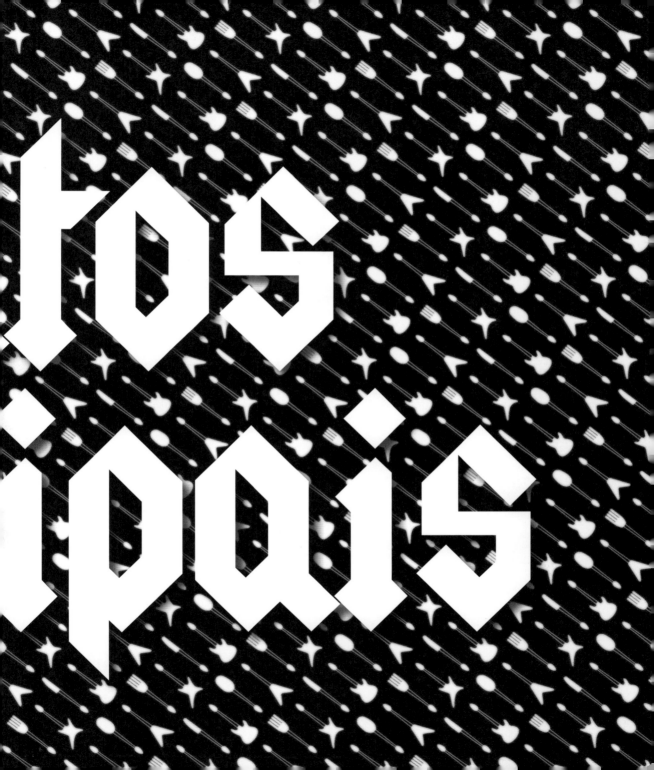

Tex-Mex Pistols
Deus salve a tortilha

Dificuldade

Descrição
Tortilhas com fajitas de carne e feijão-vermelho

B.P.M.
15 minutos de preparo
15 minutos de cozimento

Ingredientes
450 g de bife de fraldinha
1 pacote de tempero de fajita*
1 pimentão vermelho, cortado ao meio e sem sementes
1 pimentão amarelo, cortado ao meio e sem sementes
4 tortilhas de trigo pequenas
1 colher (sopa) de azeite de oliva
400 g de feijão-vermelho enlatado, escorrido
1 cebola-roxa sem casca, picada
8 folhas grandes de alface americana
1 colher (sopa) de sour cream

Nota
Você pode utilizar qualquer tipo de bife que possa ser frito, mas a fraldinha traz o sabor Tex-Mex mais autêntico.

Modo de preparo
1. Fatie o bife em tiras finas (cerca de 10 mm de largura) e coloque em uma tigela.
2. Tempere a carne com metade do tempero de fajita, misturando com as mãos para cobrir bem, e reserve.
3. Fatie ambos os pimentões em tiras finas (cerca de 5 mm de largura).
4. Preaqueça o forno na temperatura mais baixa possível.
5. Coloque as tortilhas em uma assadeira e leve ao forno.
6. Coloque 4 pratos refratários na base do forno, abaixo da grade em que está a assadeira.
7. Aqueça o azeite em uma frigideira em fogo alto.
8. Escorra e enxágue o feijão-vermelho usando uma peneira. Coloque na frigideira e junte a cebola, o pimentão e o restante do tempero de fajita. Cozinhe por 5 minutos, mexendo sempre.
9. Acrescente as tiras de carne à frigideira e cozinhe por mais 5 minutos, virando-as quando necessário.
10. Coloque 1 tortilha em cada um dos pratos preaquecidos. Coloque 2 folhas de alface sobre cada tortilha e espalhe uma colherada de sour cream por cima.
11. Divida a carne e o feijão entre as tortilhas, então enrole-as e sirva.

* Para aprender a fazer seu próprio tempero picante de fajita, veja os "Métodos avançados" na página 86.

Sex Pistols — God Save the Queen

Mötley Crüezido

Dr. Comabem

Dificuldade

Descrição
Cozido vegetariano com queijo gruyère, perfeito para dar um tranco no seu coração no inverno

B.P.M.
10 minutos de preparo
35 minutos de cozimento

Ingredientes
1 alho-poró
3 cenouras
5 batatas novas (sem descascar)
3 colheres (sopa) de azeite de oliva
30 g de caldo de legumes em tablete ou em pó
1 ramo de alecrim
1 punhado de salsinha
70 g de queijo gruyère
200 g de espinafre
pimenta-preta moída
pão fatiado para servir (opcional)

Modo de preparo
1. Corte e descarte a parte verde-escura do alho-poró. Corte a parte mais clara em discos finos, lave bem e reserve-os.
2. Descasque as cenouras e pique-as em pequenos pedaços. Também pique as batatas (com a casca) em pequenos pedaços.
3. Aqueça o azeite em uma panela em fogo médio, acrescente o alho-poró e cozinhe por 5-10 minutos. O alho-poró deve encolher e começar a dourar.
4. Em uma jarra medidora refratária, dissolva o caldo de legumes em 600 ml de água fervente.
5. Quando o alho-poró estiver dourado, despeje o caldo na panela e acrescente as batatas e as cenouras. Cozinhe por 20 minutos.
6. Remova as folhas do ramo de alecrim e acrescente-as à panela.
7. Rasgue algumas folhas de salsinha e acrescente-as à panela.
8. Enquanto o cozido estiver borbulhando, rale o queijo gruyère em uma tigela.
9. Coloque o espinafre sobre o cozido para que murche aos poucos. Quando estiver totalmente murcho, misture-o no cozido.
10. Acrescente o queijo ralado ao cozido, mexa bastante e cozinhe por mais 2 minutos.
11. Sirva o cozido em tigelas enquanto ainda estiver quente, temperando com pimenta a gosto. Sirva com pão fatiado, caso queira.

ZZ Chop

Me dê todo o seu cordeiro

Dificuldade

Descrição
Costela de cordeiro (*lamb chops*) com molho de hortelã e limão, servida com arroz

B.P.M.
30 minutos de preparo
40 minutos de cozimento

Ingredientes
3 cebolas
200 g de cenoura
2 colheres (sopa) de óleo de girassol
8 costelas de cordeiro (cerca de 500 g)
4 ramos de tomilho grandes
2 limões
1 pimenta jalapeño pequena
1 ½ colher (sopa) de mel
1 ½ colher (sopa) de vinagre de vinho branco
1 punhado de folhas de hortelã
2 colheres (sopa) de azeite de oliva
200 g de arroz basmati

Modo de preparo
Para o cordeiro:
1. Preaqueça o forno a 200°C.
2. Descasque e corte 2 cebolas em quartos. Descasque as cenouras e corte-as em bastões de 5 cm.
3. Despeje o óleo de girassol em uma assadeira ou panela que possa ser levada ao forno e coloque as costelas de cordeiro no meio. Ao redor da carne, coloque a cebola, a cenoura e o tomilho. Leve ao forno e asse por 40 minutos. Enquanto a carne estiver assando, prepare o molho. Comece a cozinhar o arroz 15 minutos antes de a carne ficar pronta.

Para o molho de hortelã e limão:
1. Corte os 2 limões no meio e esprema o suco de ambos em um liquidificador.
2. Remova o caule da pimenta jalapeño e coloque no liquidificador com o mel, o vinagre e as folhas de hortelã. Pulse algumas vezes. Transfira o conteúdo para a tigela onde o molho será servido e reserve.

Para o arroz:
1. Ferva água em uma chaleira (pelo menos 600 ml). Descasque e pique a terceira cebola.
2. Aqueça o azeite em uma panela em fogo alto. Depois, acrescente a cebola e refogue por 2 minutos.
3. Acrescente o arroz à panela e mexa para que todos os grãos fiquem cobertos de azeite.
4. Despeje 600 ml de água fervente sobre o arroz e não volte a mexer. Tampe a panela e abaixe o fogo. Cozinhe tampado por 8 minutos, então tire-o do fogo.
5. Para servir, arrume 2 costelas de cordeiro em cada prato, com alguns pedaços de cebola e cenoura.
6. Divida o arroz entre os pratos e despeje o molho de hortelã e limão sobre as costelas.

Metallikatsu Curry

Mestre do curry

Dificuldade

Descrição
Katsu curry tradicional japonês

B.P.M.
10 minutos de preparo
50 minutos de cozimento

Ingredientes
2 cebolas
1 batata
1 cenoura
190 g de pasta de curry
2 colheres (sopa) de azeite de oliva
200 g de arroz basmati
1 ovo grande
85 g de farinha panko
4 filés de peito de frango
5 colheres (sopa) de farinha de arroz
10 colheres (sopa) de óleo vegetal
4 colheres (chá) de fukujinzuke (conserva de vegetais) para servir

Modo de preparo
1. Descasque e pique 1 cebola. Descasque a batata e a cenoura e pique-as em pedaços grandes.
2. Ferva 400 ml de água em uma panela.
3. Acrescente a cebola, a cenoura e a batata à panela. Abaixe o fogo e cozinhe por 20 minutos.
4. Acrescente a pasta de curry e mexa. Cozinhe por mais 10 minutos. Enquanto o curry estiver borbulhando, prepare o frango e o arroz.
5. Descasque e pique a outra cebola. Aqueça o azeite em uma segunda panela, em fogo alto. Acrescente a cebola picada e cozinhe por 2 minutos.
6. Acrescente o arroz à segunda panela e mexa para que todos os grãos fiquem cobertos de azeite. Ferva 600 ml de água em uma chaleira e despeje sobre o arroz, sem mexer. Tampe a panela e abaixe o fogo. Cozinhe por 8 minutos e desligue. Tire o molho de curry do fogo.
7. Bata o ovo em uma tigela e reserve.
8. Coloque a farinha panko em uma tigela e reserve.
9. Coloque os filés de frango em uma tigela e acrescente 4 colheres (sopa) da farinha de arroz. Mexa-os na tigela para que fiquem cobertos pela farinha. Despeje o ovo batido sobre o frango e mexa para cobrir todos os pedaços.
10. Aqueça o óleo vegetal em uma frigideira em fogo alto por 2 minutos.
11. Pegue 1 filé de frango por vez e passe-o na tigela com a farinha panko, até cobri-lo bem. Depois, com cuidado, use um pegador para colocá-lo no óleo quente. Abaixe o fogo e frite por cerca de 3 minutos até dourar. Vire para dourar o outro lado por igual. Repita o processo com os outros pedaços.
12. Divida o arroz em 4 pratos. Fatie cada filé de frango em tiras grossas e divida entre os pratos. Despeje o molho de curry por cima.
13. Para a guarnição, utilize 1 colher (chá) de fukujinzuke em cada prato.

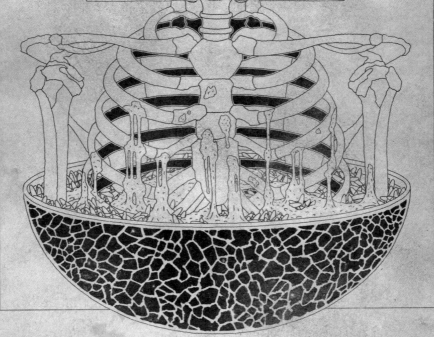

Ramenstein

Du Hast Schwein

Dificuldade: 9

Descrição
Lámen japonês com carne de porco

B.P.M.
20 minutos de preparo
3h50min de cozimento

Ingredientes
1 cenoura
3 cebolas
1 alho-poró grande
1 pedaço de 9 cm de gengibre
8 asas de frango
6 dentes de alho
2 colheres (sopa) de azeite de oliva
1 kg de paleta suína
2 pimentas-verdes
30 g de cogumelo shitake
2 colheres (sopa) de tempero misto
5 colheres (sopa) de molho de soja
2 colheres (sopa) de vinho de arroz
6 cebolinhas
150 g de broto de bambu
2 colheres (sopa) de vinagre de arroz
4 ovos grandes
300 g de macarrão para lámen
200 g de acelga chinesa

Modo de preparo

Para o caldo:
1. Preaqueça o forno a 200ºC.
2. Pique a cenoura, as cebolas e o alho-poró. Descasque e rale 8 cm do gengibre.
3. Coloque tudo em uma assadeira funda ou panela que possa ir ao forno e junte as asas de frango e os dentes de alho inteiros descascados. Regue com azeite e asse por 40 minutos.
4. Após assar, transfira tudo para uma panela grande e acrescente 3 litros de água.
5. Remova a gordura da paleta suína e pique as pimentas-verdes. Coloque a carne e a gordura na panela e adicione os cogumelos, o tempero misto e a pimenta.
6. Aqueça até ferver, então tampe a panela, abaixe o fogo e cozinhe por 2 horas.
7. Passado esse tempo, retire a paleta da panela e reserve. Descarte a gordura e cozinhe o líquido por mais 1 hora, sem tampar.
8. Com uma peneira, coe o caldo sobre uma tigela refratária grande – descarte os sólidos que ficarem na peneira.

Para o tempero:
1. Descasque e rale o restante do gengibre em uma tigela.
2. Acrescente o molho de soja e o vinho de arroz e misture.

Fazendo o lámen:
1. Pique a cebolinha e coloque em uma tigela com o broto de bambu e o vinagre de arroz.
2. Aqueça o caldo em uma panela em fogo baixo.
3. Em outra panela, cozinhe os ovos em água fervente por 6 minutos. Depois, descasque-os e corte-os ao meio.
4. Cozinhe o macarrão para lámen em uma panela de água fervente por 2-3 minutos. Pique a acelga chinesa e acrescente à panela. Cozinhe por 1 minuto e escorra, descartando a água.
5. Corte a paleta suína em fatias finas e coloque-as nas tigelas em que o lámen será servido. Acrescente a cebolinha, o broto de bambu, o macarrão e a acelga.
6. Despeje o caldo sobre cada tigela e coloque o tempero. Acrescente 2 metades de ovo cozido a cada porção.

Deep Pescado

Hadoque defumado na água

Dificuldade

Descrição
Hadoque defumado cozido no leite e servido com brócolis cozido a vapor

B.P.M.
10 minutos de preparo
15 minutos de cozimento

Ingredientes
1 cebola
4 dentes de alho
600 ml de leite semidesnatado
1 punhado de salsinha
pimenta-preta moída
4 filés de hadoque defumado
200 g de brócolis
30 g de manteiga

Modo de preparo
1. Descasque e pique a cebola e o alho.
2. Coloque o leite e a salsinha em uma frigideira funda.
3. Acrescente a cebola e o alho picados ao leite e tempere com a pimenta.
4. Ligue o fogo, mas cuide para que o leite não ferva (se ele começar a borbulhar, abaixe o fogo).
5. Ferva uma chaleira de água. Em uma panela, coloque a água fervente e o cesto de cozimento a vapor, e ligue o fogo.
6. Acrescente o hadoque defumado à frigideira com leite e cozinhe por 10 minutos, sem ferver.
7. Coloque os brócolis no cesto de cozimento a vapor e cozinhe por cerca de 8 minutos.
8. Transfira os filés de peixe da frigideira para os pratos em que serão servidos. Coloque um pouco do molho de leite sobre ele.
9. Acrescente os brócolis ao prato, coloque um pedaço de manteiga sobre eles para derreter e sirva.

Pratos principais

Deep Purple — Smoke on the Water

Paella of Filth

Da lula ao chorizo

Dificuldade

Descrição
Paella de frutos do mar com tinta de lula e linguiça tipo chorizo espanhol

B.P.M.
10 minutos de preparo
25 minutos de cozimento

Ingredientes
2 dentes de alho
1 cebola-roxa
3 colheres (sopa) de azeite de oliva
30 g de caldo de peixe em tablete ou em pó
2 sachês (4 g cada) de tinta de lula
250 g de arroz para paella
150 g de ervilhas congeladas
1 linguiça tipo chorizo espanhol (225 g)
200 g de camarão grande com casca
350 g de lula limpa
1 pitada de sal
pimenta-preta moída

Pratos principais

Modo de preparo
1. Descasque e corte o alho e a cebola em fatias finas.
2. Aqueça 2 colheres (sopa) do azeite em uma panela grande em fogo alto. Acrescente a cebola e refogue por 3 minutos.
3. Acrescente o alho, abaixe o fogo e refogue por mais 2 minutos.
4. Enquanto a cebola e o alho estiverem refogando, ferva 600 ml de água em uma chaleira. Transfira a água para uma jarra medidora refratária e misture-a com o caldo de peixe.
5. Quando o caldo estiver pronto, acrescente a tinta de lula à jarra e mexa até ficar uniforme (o líquido deve ficar preto).
6. Acrescente o arroz de paella à panela com o alho e a cebola e cozinhe em fogo baixo, mexendo, por 2 minutos.
7. Despeje o caldo na panela e aumente o fogo, até o líquido borbulhar. Acrescente as ervilhas congeladas, abaixe o fogo e cozinhe por 12 minutos. Se a paella parecer seca, acrescente mais água, 2 colheres (sopa) por vez.
8. Enquanto o arroz cozinha, corte a linguiça em rodelas finas. Aqueça 1 colher (sopa) de azeite em uma frigideira e frite a linguiça por 5 minutos, depois retire e reserve.
9. Aproveitando o óleo que ficou na frigideira, coloque o camarão e refogue por 5 minutos, até ficar rosado. Retire e reserve, mas mantenha o fogo aceso.
10. Corte a lula em anéis, mantendo os tentáculos intactos, então coloque tudo na frigideira com o mesmo óleo em que fritou a linguiça e o camarão. A lula vai murchar rapidamente. Refogue por 2 minutos, então coloque-a na paella.
11. Aumente o fogo da panela da paella para médio, acrescente o camarão e a linguiça e misture. Cozinhe por mais 2 minutos.
12. Use uma concha para dividir a paella entre as tigelas em que será servida e tempere com sal e pimenta a gosto.

Pargo Scream

Peixadélica

Dificuldade

Descrição
Pargo frito com alho e limão-siciliano, servido com batata-doce rústica e tomate-cereja

B.P.M.
5 minutos de preparo
20 minutos de cozimento

Ingredientes
2 batatas-doces
5 colheres (sopa) de azeite de oliva
4 filés de pargo (ou 2 pargos inteiros, para tirar seus filés)*
2 limões-sicilianos
5 dentes de alho
1 colher (chá) de cominho em pó
1 colher (chá) de páprica defumada
12-16 tomates-cereja
1 pitada de sal
pimenta-preta moída

Modo de preparo
1. Preaqueça o forno a 200°C.
2. Descasque as batatas-doces, corte-as em gomos (ao estilo batata rústica) e coloque em uma assadeira. Regue com 3 colheres (sopa) de azeite, tempere com sal e pimenta a gosto e misture.
3. Leve ao forno e asse por cerca de 20 minutos, virando os gomos na metade do tempo com um pegador. Enquanto a batata-doce está no forno, prepare o pargo.
4. Coloque os filés de peixe em um prato, com a pele para baixo.
5. Corte os limões-sicilianos na metade e esprema o suco sobre o pargo – meio limão por filé. Reserve os limões espremidos.
6. Descasque e pique o alho e coloque em uma frigideira com os limões espremidos. Regue com o restante do azeite.
7. Salpique o cominho e a páprica sobre a carne dos filés.
8. Corte os tomates-cereja em quartos e reserve.
9. Aqueça a frigideira com o azeite, o alho e o limão. Quando estiver quente, coloque os filés de pargo, com a pele virada para baixo.
10. Após 3 minutos, vire os filés com cuidado e cozinhe por até 10 minutos, até o peixe começar a ficar levemente dourado e terminar de cozinhar. Retire os filés da frigideira.
11. Retire a batata-doce do forno e transfira para um prato.
12. Sirva o peixe com a batata-doce rústica. Cubra o peixe com qualquer líquido que restou na frigideira.

* Para aprender a tirar o filé de um peixe, veja os "Métodos avançados" na página 86.

Pratos principais

Primal Scream — Screamadelica

Def Sheppard

Quando o cordeiro e a batata colidem

Dificuldade

Descrição
Shepherd's pie (tradicional torta de carne inglesa)

B.P.M.
15 minutos de preparo
1h10min de cozimento

Ingredientes
900 g de batata
1 cebola-roxa
400 g de cenoura
1 colher (sopa) de óleo de girassol
500 g de carne de cordeiro moída
1 colher (sopa) de extrato de tomate
30 g de caldo de carne em tablete ou em pó
100 g de manteiga
1 pitada de sal

Pratos principais

Modo de preparo

1. Descasque as batatas, corte-as em pequenos pedaços e coloque em uma panela grande. Cubra com 600 ml de água fria e reserve.
2. Descasque e pique a cebola-roxa. Descasque e corte as cenouras em pedaços pequenos.
3. Aqueça o óleo de girassol em outra panela. Acrescente a cebola e a cenoura e refogue por 2 minutos.
4. Junte a carne de cordeiro a essa segunda panela e cozinhe por mais 8 minutos, mexendo para evitar que se formem grumos.
5. Acrescente o extrato de tomate e cozinhe por mais 4 minutos.
6. Enquanto o cordeiro estiver cozinhando, ferva 300 ml de água em uma chaleira. Transfira-a para uma jarra medidora refratária e dissolva o caldo de carne. Despeje esse líquido na panela com o cordeiro e mexa bem. Abaixe o fogo e cozinhe por 25 minutos.
7. Enquanto a carne estiver cozinhando, preaqueça o forno a 180ºC.
8. Leve a panela com as batatas ao fogo alto. Quando ferver, abaixe o fogo e cozinhe por 12 minutos.
9. Coloque as batatas em um escorredor. Acrescente a manteiga na panela vazia e leve ao fogo baixo. Quando a manteiga derreter, devolva as batatas à panela. Acrescente uma pitada de sal e amasse bem as batatas. Desligue o fogo e reserve.
10. Coloque a mistura de cordeiro e vegetais em uma fôrma de metal ou travessa refratária, espalhando de modo uniforme.
11. Espalhe a batata amassada sobre a carne. Use um garfo para nivelar a superfície e fazer linhas para decorar.
12. Leve a assadeira ao forno por 30 minutos, ou até a superfície ficar dourada e borbulhando. Retire do forno e sirva em seguida.

Def Leppard — When Love & Hate Collide

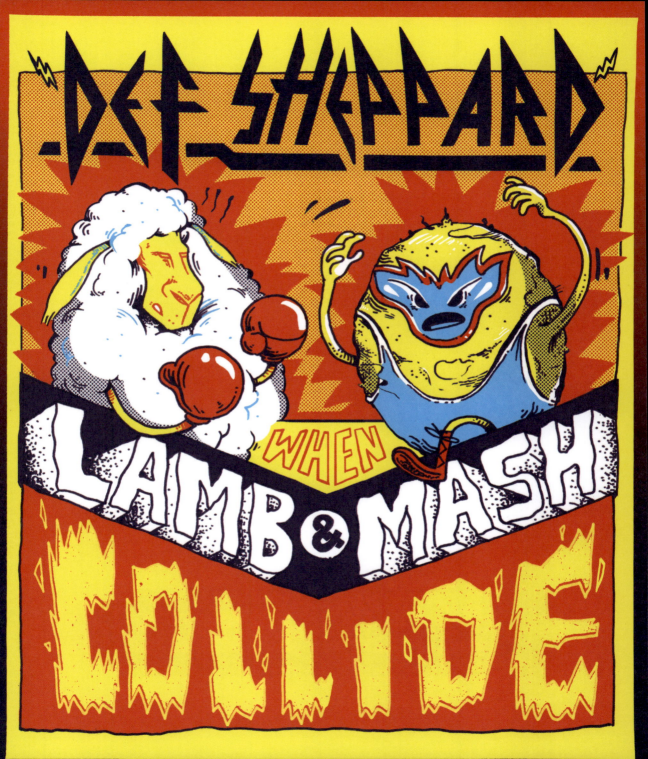

Limp Brisket

Continue rolando, rolando, rolando (a carne no tempero)

Dificuldade

Descrição
Rocambole de peito bovino (*brisket*)

B.P.M.
10 minutos de preparo
3h40min de cozimento

Ingredientes
1 kg de peito bovino (*brisket*) desossado e enrolado
2 pacotes de tempero para fajita (70 g)*
2 cebolas-roxas
30 g de caldo de carne em tablete ou em pó

Nota
Se você pedir, o açougueiro pode desossar e enrolar a carne do peito bovino.

Modo de preparo
1. Preaqueça o forno a 180ºC.
2. Coloque a carne em uma caçarola e cubra com 1 pacote de tempero para fajita (35 g), esfregando o tempero por todos os lados.
3. Coloque a caçarola no forno, sem tampa, e asse por 30 minutos.
4. Passado esse tempo, remova a carne do forno. Abra o segundo pacote de tempero para fajita e despeje sobre um prato grande. Espete um garfo de cada lado da carne para poder manuseá-la e esfregue-a no tempero que está no prato (guarde para depois o tempero que sobrar). Leve de volta ao forno e asse por mais 30 minutos.
5. Enquanto isso, descasque as cebolas-roxas e corte-as em quartos. Aqueça uma panela com 650 ml de água em fogo médio. Acrescente o caldo de carne e a cebola-roxa. Ao começar a borbulhar, abaixe o fogo e tampe.
6. Quando a carne terminar de assar, retire a caçarola do forno. Espete de novo os garfos na carne e esfregue-a no tempero para fajita que tiver sobrado.
7. Transfira o caldo para a caçarola. Acrescente qualquer tempero que tiver sobrado no prato e deixe a carne no centro da caçarola. Tampe e leve mais uma vez ao forno.
8. Reduza a temperatura do forno para 150ºC e cozinhe por 2h30min.
9. Quando o *brisket* estiver pronto, retire a caçarola do forno. Transfira a carne para um prato e cubra com papel-alumínio. Deixe descansar por 10 minutos.
10. Para servir, corte a carne em fatias finas, no sentido contrário às fibras. Despeje sobre ela o líquido e as cebolas que tiverem sobrado na caçarola.

* Para fazer seu próprio tempero para fajita, veja os "Métodos avançados" na página 86.

Limp Bizkit
Rollin' (Air Raid Vehicle)

nesas

Iron Muffin

Santificada seja vossa uva-passa

Dificuldade
4

Descrição
Muffins crocantes de passas ao rum

B.P.M.
1 hora de preparo, pelo menos (o ideal é deixar as uvas-passas de molho durante a noite)
30 minutos de cozimento

Ingredientes
100 g de uvas-passas
5 colheres (sopa) de rum claro, e mais um pouco para servir
100 g de manteiga
60 g de açúcar mascavo
1 ovo
50 g de casca de pão integral (ou farinha de rosca)
160 g de farinha de trigo com fermento
1 colher (chá) de fermento
½ colher (chá) de canela em pó
4 bolas de sorvete de baunilha para servir (opcional)

Modo de preparo
1. Coloque as uvas-passas em uma tigela, acrescente o rum e deixe de molho durante a noite (se não tiver tempo para isso, pode deixá-las de molho por pelo menos 1 hora, mas é melhor se a fruta tiver mais tempo para absorver o rum).
2. Preaqueça o forno a 180°C.
3. Unte 4 espaços de uma fôrma de muffin com metade da manteiga.
4. Em outra tigela, misture o restante da manteiga com o açúcar mascavo.
5. Quebre o ovo na tigela e misture bem.
6. Coloque a casca de pão integral em um processador e bata até formar a farinha de rosca (se usar a farinha de rosca pronta, pule esse passo). Acrescente à tigela com açúcar, manteiga e ovo e misture bem.
7. Adicione a farinha, o fermento e a canela em pó.
8. Junte as uvas-passas e o rum que estava na tigela. Misture bem.
9. Use uma colher para preencher os espaços da fôrma de muffin com a massa (essa quantidade deve ser o suficiente para 4 muffins).
10. Leve ao forno e asse por 30 minutos, ou até ficarem dourados e crocantes.
11. Retire do forno e transfira os muffins para uma grade de resfriamento. Sirva-os enquanto ainda estão quentes, ao lado de uma bola de sorvete de baunilha e um fio de rum sobre cada porção.

Iron Maiden — Hallowed Be Thy Name

Slayer Cake

Chovendo bolo (de sangue)

Dificuldade

Descrição
Layer cake com 3 camadas

B.P.M.
45 minutos de preparo
35 minutos de cozimento

Ingredientes
550 g de manteiga sem sal
450 g de açúcar refinado
5 ovos grandes
3 colheres (chá) de extrato de baunilha
450 g de farinha de trigo
2 colheres (chá) de fermento químico em pó
300 g de sour cream
35 g de cacau em pó
50 g de gotas de chocolate
300 g de açúcar de confeiteiro
75 g de chocolate meio amargo, picado
1 pote de geleia de morango
10 framboesas
25-30 mirtilos

Modo de preparo
1. Unte 3 fôrmas de bolo, de 23 cm de diâmetro cada, com 50 g da manteiga, então forre-as com papel-manteiga.
2. Preaqueça o forno a 190ºC.
3. Na tigela da batedeira, coloque o açúcar refinado e 380 g da manteiga e bata até ficar cremoso.
4. Incorpore os ovos, um a um, batendo após cada adição até ficar uniforme. Acrescente 2 colheres (chá) de extrato de baunilha.
5. Peneire o fermento e 225 g da farinha sobre a tigela e misture delicadamente com uma espátula, acrescentando metade do sour cream aos poucos.
6. Peneire o restante da farinha, misture; acrescente o restante do sour cream à tigela e misture de novo.
7. Divida a mistura entre 3 tigelas e acrescente ingredientes da seguinte forma:
Tigela 1 – acrescente o cacau em pó e misture delicadamente.
Tigela 2 – acrescente as gotas de chocolate e misture.
Tigela 3 – deixe como está.
8. Transfira as 3 misturas para as fôrmas e leve ao forno por 35 minutos.
9. Retire do forno e deixe amornar por 5 minutos. Então desenforme os bolos sobre uma grade de resfriamento.
10. Em uma tigela, misture o restante da manteiga (120 g) com o açúcar de confeiteiro e com o restante do extrato de baunilha.
11. Use outra tigela para derreter o chocolate meio amargo em banho-maria, então remova-a do fogo e deixe amornar por 2 minutos.
12. Misture o chocolate derretido com o açúcar de confeiteiro e a manteiga, formando a cobertura.
13. Espalhe geleia sobre o bolo 1 (com cacau em pó).
14. Vire o bolo 2 (com gotas de chocolate) de forma que o fundo fique para cima e espalhe cobertura de chocolate sobre ele.
15. Vire o bolo 2 novamente e coloque-o sobre o bolo 1, de forma que a cobertura de chocolate fique sobre a geleia do bolo 1.
16. Espalhe geleia sobre o bolo 2.
17. Repita os passos 14 e 15 com o bolo 3: vire-o, espalhe cobertura de chocolate, vire novamente e coloque-o sobre o bolo 2 (a cobertura de chocolate do bolo 3 ficará sobre a geleia do bolo 2). Assim, você terá 3 camadas.
18. Espalhe o restante da cobertura no topo do bolo 3 e nas laterais de todo o bolo, alisando até cobri-lo por completo.
19. Decore com as framboesas e os mirtilos.

Slayer – Raining Blood

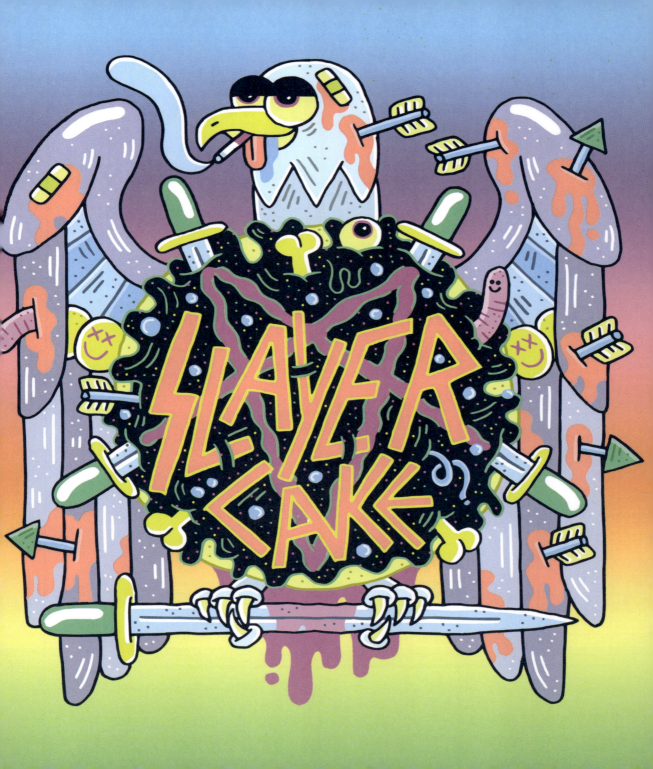

The Rolling Scones

É só um pãozinho (mas eu gosto)

Dificuldade

Descrição
Scones ingleses tradicionais com açúcar demerara e uvas-passas claras

B.P.M.
15 minutos de preparo
15 minutos de cozimento

Ingredientes
2 colheres (sopa) de farinha de trigo para polvilhar
60 g de manteiga sem sal
225 g de farinha de trigo com fermento
1 pitada de sal
60 g de açúcar demerara
30 g de uvas-passas claras
180 ml de leite
manteiga, *clotted cream* e geleia de morango para servir

Modo de preparo

1. Preaqueça o forno a 220ºC.
2. Forre duas assadeiras com papel-manteiga e polvilhe ½ colher (sopa) de farinha de trigo sobre cada uma.
3. Corte a manteiga em cubos e coloque em uma tigela grande. Acrescente a farinha de trigo com fermento e o sal.
4. Usando a ponta dos dedos, misture a manteiga, a farinha e o sal até incorporar.
5. Acrescente metade do açúcar demerara e todas as uvas-passas à tigela e misture.
6. Despeje 150 ml de leite na tigela e misture até obter uma massa macia.
7. Polvilhe uma superfície limpa com o restante da farinha de trigo. Coloque a massa sobre a superfície e sove levemente.
8. Estique a massa sovada formando um retângulo de cerca de 2 cm de espessura.
9. Use um cortador de massa redondo de 5 cm de diâmetro para cortar discos de massa. Coloque os discos sobre as assadeiras forradas com papel-manteiga e farinha. (Caso não tenha um cortador de massa, use um copo ou xícara como modelo e corte ao redor com uma faca de ponta afiada.)
10. Pegue a massa que sobrou após os cortes e sove, repetindo o processo de corte até toda a massa estar cortada em discos. Esta receita rende cerca de 10 scones.
11. Usando um pincel culinário, cubra a superfície dos scones com o restante do leite.
12. Polvilhe o restante do açúcar sobre os scones.
13. Leve ao forno e asse por 15 minutos, até ficarem dourados.
14. Retire do forno e transfira os scones para uma grade de resfriamento.
15. Para um melhor resultado, sirva os scones enquanto ainda estão quentes, com manteiga, *clotted cream* e geleia a gosto.

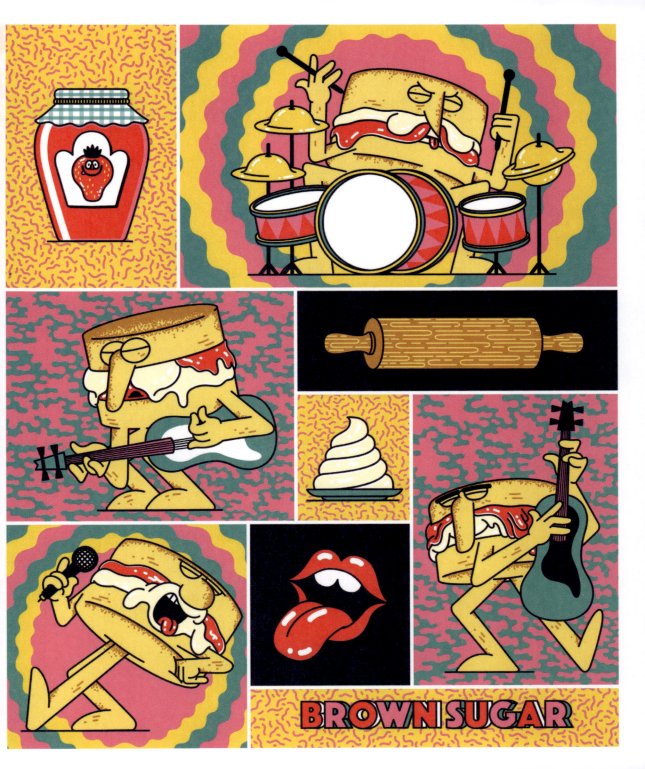

Smashing Pumpkin Pie

Ava Abóbora

Dificuldade

Descrição
Uma clássica torta de abóbora

B.P.M.
20 minutos de preparo (mais o tempo de resfriamento)
1h15min de cozimento

Ingredientes
1 colher (sopa) de farinha de trigo
350 g de massa pronta para torta*
2 ovos grandes
425 g de abóbora-moranga cozida e amassada
1 lata (395 g) de leite condensado
1 colher (chá) de canela em pó
½ colher (chá) de cravo em pó
1 colher (chá) de gengibre em pó
½ colher (chá) de noz-moscada em pó
1 pitada de sal
creme de leite fresco a gosto

Modo de preparo
1. Polvilhe uma superfície limpa com a farinha. Estique a massa para torta com um rolo até que fique com cerca de 6 mm de espessura.
2. Forre uma fôrma de torta de 23 cm de diâmetro com a massa e leve à geladeira por 10 minutos.
3. Preaqueça o forno a 180ºC.
4. Retire a fôrma da geladeira e cubra a massa com um disco de papel-manteiga, então coloque bolinhas de cerâmica culinária em cima.
5. Leve ao forno e asse por 15 minutos.
6. Remova as bolinhas de cerâmica e o papel-manteiga. Leve a massa de volta ao forno e asse por mais 10 minutos.
7. Retire do forno e reserve.
8. Aumente a temperatura do forno para 230ºC.
9. Quebre os ovos em uma tigela e acrescente a abóbora amassada, o leite condensado, a canela, o cravo, o gengibre, a noz-moscada e o sal. Misture os ingredientes com um batedor de mão até adquirirem cor e textura uniformes.
10. Despeje a mistura sobre a massa e dê leves tapinhas nas bordas da fôrma para que o creme se espalhe por igual.
11. Leve ao forno e asse por 10 minutos.
12. Reduza a temperatura do forno a 180ºC e asse por mais 50 minutos.
13. Retire do forno e deixe a torta amornar por 10 minutos. Leve à geladeira e deixe por mais 15 minutos.
14. Enquanto isso, despeje um pouco de creme de leite em uma tigela bem limpa e bata com um batedor de mão ou uma batedeira elétrica até ficar firme e formar picos.
15. Cuidadosamente remova a torta de abóbora da fôrma. Sirva uma fatia da torta com uma colherada do chantili.

* Para aprender a fazer massa para torta, veja os "Métodos avançados" na página 87.

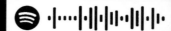

The Smashing Pumpkins
Ava Adore

Nirvana Split

Coma Como Você É

Dificuldade

Descrição
Banana split com pêssego assado e um toque de uísque

B.P.M.
40 minutos de preparo
1h10min de cozimento

Ingredientes
4 pêssegos
3 colheres (sopa) de uísque
2 limões
160 g de néctar de tâmara, xarope de bordo ou melado
100 g de chocolate meio amargo
4 bananas
4 bolas de sorvete
creme chantili em spray

Nota
Para um melhor resultado, use um uísque de pelo menos 12 anos.

Modo de preparo
1. Corte os pêssegos na metade e retire o caroço.
2. Coloque as metades de pêssego em uma assadeira, regue com o uísque e esprema o suco dos limões por cima. Leve à geladeira e deixe por 30 minutos.
3. Preaqueça o forno a 220°C.
4. Tire a assadeira da geladeira e cubra os pêssegos com o néctar, o xarope de bordo ou o melado.
5. Leve ao forno e asse por 1 hora.
6. Enquanto isso, bata o chocolate no processador até obter um pó fino. (Caso não tenha um processador, use um ralador ou pique finamente.)
7. Quando os pêssegos estiverem assados, retire-os do forno e, usando uma colher, transfira-os para uma tigela de mistura.
8. Despeje um pouco do chocolate moído sobre os pêssegos e misture gentilmente, cuidando para não desmanchar as frutas.
9. Corte as 4 bananas na metade, no sentido do comprimento, e coloque duas metades em cada tigela em que a banana split será servida. Coloque também 2 metades de pêssego em cada tigela.
10. Distribua o que sobrar da mistura de chocolate e calda sobre as frutas.
11. Sirva com uma bola de sorvete em cada tigela e cubra com creme chantili a gosto.

Spinal Tapioca

É uma receita mágica

Dificuldade

Descrição
Pudim cremoso de tapioca com biscoitos "Stonehenge"

B.P.M.
4 horas de preparo
20 minutos de cozimento

Ingredientes
3 ovos grandes
700 ml de leite integral
170 g de tapioca granulada
1 pitada de sal
170 g de açúcar cristal
4 colheres (chá) de extrato de baunilha
250 g de manteiga
140 g de açúcar refinado
300 g de farinha de trigo, mais 1 colher (sopa) para polvilhar

Modo de preparo
Para a tapioca:
1. Quebre e bata 2 ovos em uma tigela. Reserve.
2. Misture o leite, a tapioca, o sal e o açúcar cristal em uma panela.
3. Aqueça a panela em fogo alto e cozinhe por 3 minutos, mexendo sempre.
4. Reduza para fogo baixo e continue mexendo por mais 5 minutos.
5. Tire a panela do fogo e continue mexendo. Acrescente os ovos batidos, 1 colher (sopa) por vez, e mexa por mais 1 minuto.
6. Aqueça a panela mais uma vez, em fogo médio, e mexa por 90 segundos.
7. Pela última vez, tire a panela do fogo, acrescente metade do extrato de baunilha e mexa.
8. Divida essa mistura entre 4 taças e deixe resfriar por 30 minutos. Depois, leve à geladeira por 3 horas. Enquanto a spinal tapioca estiver resfriando, prepare os biscoitos.

Para os biscoitos "Stonehenge":
1. Ligue o forno na temperatura mais alta possível.
2. Misture a manteiga e o açúcar refinado em uma tigela, até ficar leve e aerado.
3. Separe a gema do último ovo* e acrescente-a à tigela. Também acrescente o restante do extrato de baunilha e misture por 1 minuto.
4. Acrescente a farinha e misture por 4 minutos.
5. Forre uma assadeira com papel-manteiga.
6. Polvilhe uma superfície limpa com 1 colher (sopa) de farinha e coloque a massa de biscoito sobre ela.
7. Abra a massa com um rolo até ficar com 5 mm de espessura.
8. Corte em 12 retângulos de cerca de 3,5 cm × 10 cm. Coloque-os na assadeira.
9. Leve ao forno e asse por 10 minutos.
10. Transfira os biscoitos para uma grade de resfriamento até firmarem.
11. Forme um "Stonehenge" com 3 biscoitos por taça, para servir sobre a tapioca.

* Para aprender a separar a gema do ovo, veja os "Métodos avançados" na página 85.

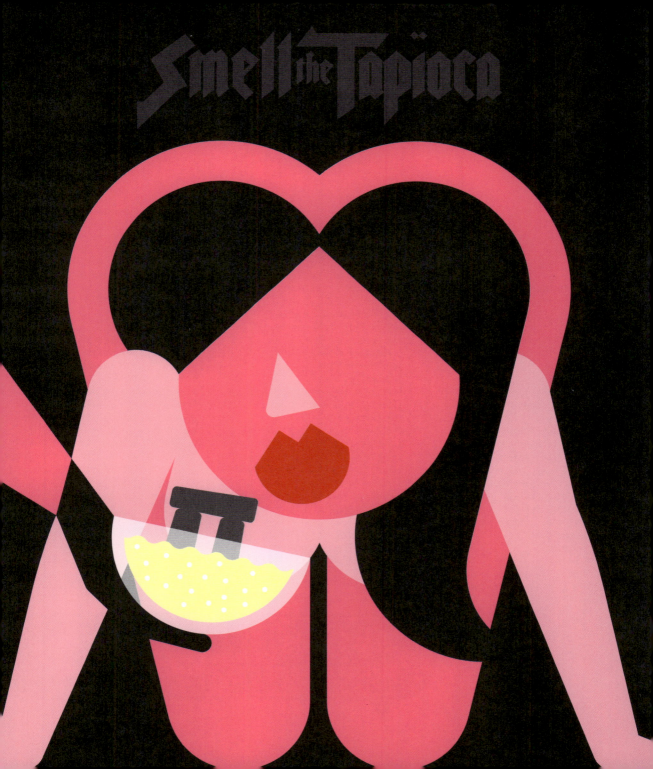

Dire Dates

Sultanas of Swing

Dificuldade

Descrição
Bolo de tâmara (*date cake*) e uvas-passas claras (sultanas)

B.P.M.
20 minutos de preparo
45 minutos de cozimento

Ingredientes
200 g de tâmaras sem caroço
10 colheres (sopa) de licor de laranja ou conhaque
100 g de uvas-passas claras
270 g de manteiga
270 g de açúcar mascavo
3 colheres (sopa) de melado de cana
285 g de farinha de trigo
¾ de colher (chá) de bicarbonato de sódio
1 colher (chá) de fermento químico em pó
2 colheres (chá) de gengibre em pó
1 pitada de sal
3 ovos grandes
200 ml de suco de laranja
3 laranjas
300 ml de creme de leite fresco

Modo de preparo
Para o bolo:
1. Pique grosseiramente as tâmaras, então coloque-as em uma panela e acrescente 7 colheres (sopa) do conhaque ou licor de laranja.
2. Acrescente as uvas-passas e aqueça em fogo baixo por 5 minutos, depois reserve.
3. Preaqueça o forno a 180ºC.
4. Bata 120 g da manteiga e 120 g do açúcar em uma tigela.
5. Acrescente o melado à tigela e bata por 3 ou 4 minutos, até começar a ficar aerado.
6. Em outra tigela, misture a farinha, o bicarbonato, o fermento, o gengibre em pó e o sal. Reserve.
7. Quebre os ovos e adicione-os à mistura do melado, um a um, batendo a cada adição e peneirando cerca de ⅓ da mistura da farinha, sempre mexendo. Quando os ovos estiverem misturados, peneire o restante da mistura da farinha sobre a tigela.
8. Aqueça o suco de laranja no micro-ondas por 30 segundos (ou no fogão, em outra panela), até ficar morno. Despeje-o sobre a mistura na tigela e mexa.
9. Junte as frutas hidratadas no licor à tigela e mexa. Rale as cascas de 2 laranjas, acrescente à mistura e mexa.
10. Unte uma assadeira com 50 g da manteiga e forre-a com papel-manteiga.
11. Transfira a massa de bolo para a assadeira e leve ao forno por 45 minutos. Enquanto isso, prepare a calda.

Para a calda:
1. Coloque o restante da manteiga e do açúcar mascavo em uma panela. Aqueça em fogo baixo até derreter, mexendo sempre.
2. Acrescente o creme de leite e misture com um batedor de mão. Aumente o fogo até a calda borbulhar. Enquanto estiver cozinhando, rale a casca da última laranja sobre a calda e mexa.
3. Quando tudo estiver bem incorporado e quente, acrescente o restante do conhaque ou licor e misture.
4. Para servir, despeje a calda sobre o bolo.

Sepultempurá: Sorvete frito

(Não) recuse/(Não) resista

Dificuldade
10

Descrição
Tempurá de sorvete

B.P.M.
6h10min de preparo (pelo menos)
12 minutos de cozimento

Ingredientes
8 fatias de pão integral
3 colheres (sopa) de mel
8 bolas de sorvete de baunilha (ou do sabor que preferir)
óleo de girassol (o suficiente para preencher uma fritadeira)
cubos de gelo (cerca de 20)
85 g de farinha de trigo
1 pitada de sal
½ colher (chá) de açúcar cristal
200 ml de água com gás gelada

Modo de preparo
1. Remova as cascas do pão e coloque as fatias sobre uma superfície limpa.
2. Espalhe uma camada fina de mel sobre cada fatia de pão.
3. Coloque uma bola de sorvete (de cerca de 3 cm de diâmetro) no centro de cada fatia de pão.
4. Embrulhe as bolas de sorvete com as fatias de pão. Corte quaisquer excessos de pão e remende buracos com esses pedaços extra (o sorvete não deve estar exposto de maneira alguma). Repita esse processo até ter 8 bolas de pão e sorvete.
5. Embrulhe cada bola com papel-filme, torcendo bem as pontas do plástico. Leve ao congelador por pelo menos 6 horas (quanto mais tempo, melhor).
6. Quando estiver pronto para servir, aqueça o óleo em uma fritadeira no fogo o mais alto possível.
7. Coloque várias folhas de papel-toalha sobre um prato, para absorver qualquer excesso de óleo do tempurá.
8. Retire o papel-filme das bolas congeladas.
9. Coloque os cubos de gelo em uma tigela grande e encaixe uma tigela menor dentro dela, de modo que fique cercada de gelo.
10. Coloque a farinha, o sal e o açúcar na tigela menor.
11. Acrescente a água com gás à mistura e bata por 1 minuto (não bata demais, pois isso fará a massa ficar muito grossa e absorver mais óleo durante a fritura).
12. Usando um pegador, mergulhe uma das bolas congeladas na massa, envolvendo-a bem. Escorra o excesso de massa. Com cuidado, coloque no óleo quente a bola envolta em massa. Frite por 90 segundos, então transfira para o papel-toalha a fim de remover o excesso de óleo. Repita esse processo até fritar as 8 bolas.
13. Sirva em seguida, antes de o sorvete derreter.

Dark Side of the Spoon

Judas Peach

Comendo após a meia-noite

Dificuldade

Descrição
Um clássico crumble de pêssego

B.P.M.
10 minutos de preparo
50 minutos de cozimento

Ingredientes
5 pêssegos maduros
½ limão-siciliano
3-4 colheres (sopa) açúcar demerara
180 g de farinha de trigo
100 g de manteiga sem sal
1 pitada de sal
1 colher (sopa) de aveia em flocos

Sobremesas

Modo de preparo
1. Preaqueça o forno a 190°C.
2. Descasque os pêssegos, remova o caroço e corte a fruta em gomos finos.
3. Arrume o pêssego em uma pequena assadeira ou travessa refratária, cobrindo todo o fundo.
4. Em uma tigela, rale a casca do ½ limão-siciliano e misture com o suco dele. Acrescente 1 colher (sopa) do açúcar e misture até incorporar.
5. Despeje a mistura de limão e açúcar sobre os pêssegos.
6. Coloque a farinha, 2 colheres (sopa) do açúcar, a manteiga e o sal em um processador e bata. (Se não tiver um processador, pode misturar tudo em uma tigela, usando a ponta dos dedos até obter uma farofa grossa.)
7. Cubra os pêssegos com essa mistura de farinha, apertando bem, para garantir que estejam totalmente cobertos.
8. Polvilhe a aveia sobre a massa do crumble. Se quiser, pode acrescentar mais 1 colher (sopa) de açúcar.
9. Leve ao forno e asse por 50 minutos.
10. Retire do forno e deixe amornar por 5 minutos, antes de servir.

Judas Priest - Living After Midnight

Dark Side of the Spoon

Whitesnaked Alaska

Lá vou eu de novo (comer bolo)

Dificuldade

Descrição
Baked Alaska, um clássico retrô – bolo esponja coberto com sorvete e merengue

B.P.M.
6h30min de preparo (pelo menos)
15 minutos de cozimento

Ingredientes
sorvete de baunilha (o suficiente para encher a tigela refratária)
3 ovos grandes*
180 g de açúcar
1 bolo esponja (do mesmo diâmetro da tigela refratária)*

Nota
A panela usada para aquecer o açúcar deve estar bem limpa – qualquer resíduo estragará a calda.

Modo de preparo
1. Pegue uma tigela refratária em formato de iglu (não pode ter mais que 10 cm de diâmetro) e coloque-a, de ponta-cabeça, sobre um pedaço de papel-manteiga. Use como molde para traçar um disco de papel do mesmo diâmetro da tigela.
2. Forre o interior da tigela com papel-filme. Preencha a tigela com sorvete e compacte bem. Alise o topo do sorvete e cubra a tigela com outra camada de papel-filme. Leve ao congelador por pelo menos 6 horas.
3. Separe as claras dos ovos* e coloque-as em uma tigela grande e impecavelmente limpa (descarte as gemas). Bata até formar picos moles.
4. Leve uma panela ao fogo médio com o açúcar e 100 ml de água. Cozinhe por 3 minutos, mexendo até a calda ficar marrom-clara.
5. Ligue a batedeira elétrica na velocidade mais baixa e bata as claras enquanto despeja devagar a calda de açúcar na lateral da tigela (não despeje muito rápido, pois isso vai escaldar e murchar as claras). Esse processo deve levar 2 minutos.
6. Aumente a velocidade para a mais alta e bata por 4-6 minutos, até o merengue ficar espesso e brilhante.
7. Corte o bolo esponja em uma camada de 5 cm de espessura.
8. Usando o disco de papel-manteiga como modelo, corte um disco de bolo esponja com o mesmo diâmetro da tigela e coloque-o sobre um prato.
9. Tire o sorvete do congelador e remova a camada superior de papel-filme. Coloque o lado liso do sorvete sobre a camada de bolo esponja. Isso formará uma cúpula de sorvete sobre o bolo. Retire a tigela e o restante do papel-filme.
10. Espalhe o merengue sobre o sorvete. Pouco antes de servir, use um maçarico culinário para dourar o exterior do merengue.

* Para aprender a separar a gema de um ovo e fazer seu próprio bolo esponja, veja os "Métodos avançados" nas páginas 85 e 87.

Acompan

Acompanhamentos

Bruce's Spring Greens

Descrição
Uma salada verde com nozes

B.P.M.
10 minutos de preparo e cozimento

Ingredientes
2 acelgas chinesas
1 limão-siciliano
1 dente de alho
30 g de nozes sem casca
1 colher (sopa) de manteiga

Abrindo para
Pargo Scream, Limp Brisket

Modo de preparo
1. Fatie a acelga chinesa em tiras finas e descarte as pontas. Corte o limão-siciliano ao meio e esprema o suco em uma tigela.
2. Descasque e pique o alho e acrescente à tigela com o suco do limão.
3. Pique as nozes, acrescente à tigela e misture.
4. Ferva água em uma chaleira.
5. Coloque a acelga em uma panela e leve ao fogo. Despeje a água fervente e cozinhe por 3 minutos.
6. Coloque em um escorredor e reserve.
7. Leve uma frigideira ao fogo com a manteiga, a verdura e a mistura de limão, alho e nozes, e cozinhe por 2-3 minutos.
8. Retire do fogo e sirva, despejando sobre a salada qualquer líquido que tenha sobrado da frigideira.

Ilustração de Alice Moloney (www.alicemoloney.com)

Korn on the Cob

Descrição
Milho cozido com molho de ervas

B.P.M.
35 minutos de preparo e cozimento

Ingredientes
1 ramo de coentro
1 ramo de hortelã
1 limão-siciliano
4 espigas de milho
30 g de manteiga

Abrindo para
Tex-Mex Pistols, Limp Brisket

Modo de preparo
1. Pique o coentro e a hortelã e coloque em uma tigela.
2. Corte o limão-siciliano ao meio e esprema o suco na tigela.
3. Ferva água em uma panela. Coloque o milho e deixe ferver por 30 minutos.
4. Retire a panela do fogo e escorra o milho.
5. Na mesma panela, derreta a manteiga em fogo baixo. Adicione o coentro, a hortelã e o limão e mexa.
6. Passe o milho pela mistura de manteiga, coentro, hortelã e limão, então sirva. Despeje o restante do molho sobre o milho.

PoToto Roasties

Descrição
Batatas assadas deliciosamente crocantes

B.P.M.
10 minutos de preparo
40 minutos de cozimento

Ingredientes
1 kg de batatas
1 pitada de sal
5 colheres (sopa) de azeite de oliva
3 colheres (sopa) de fubá
2 ramos de alecrim
pimenta-preta moída

Abrindo para
Deep Pescado

Modo de preparo
1. Preaqueça o forno a 200°C.
2. Descasque e pique as batatas em cubos de 5 cm.
3. Coloque as batatas e o sal em uma panela, cubra com água e ferva por 8 minutos.
4. Passado esse tempo, escorra a batata e coloque na panela novamente.
5. Despeje 3 colheres (sopa) do azeite em uma assadeira e leve ao forno por 5 minutos, para aquecer.
6. Polvilhe o fubá sobre a batata. Tampe a panela e chacoalhe-a por 20 segundos, para deixar a batata mais rústica e cobri-la com o fubá.
7. Retire a assadeira do forno com cuidado. Coloque a batata sobre o azeite quente e despeje por cima o restante do azeite. Polvilhe as folhas do alecrim e tempere com pimenta a gosto.
8. Leve ao forno por 35 minutos, ou até dourar, virando a batata várias vezes durante esse tempo para que todos os lados fiquem crocantes. Retire do forno e sirva.

Bachman-Turnip Overdrive

Descrição
Purê de nabo, cenoura e sálvia

B.P.M.
5 minutos de preparo
25 minutos de cozimento

Ingredientes
4 nabos pequenos
3 cenouras
30 g de manteiga
1 colher (chá) de sálvia desidratada
1 pitada de sal

Abrindo para
ZZ Chop, Limp Brisket

Modo de preparo
1. Descasque os nabos e as cenouras e corte-os em pequenos pedaços.
2. Transfira os legumes para uma panela, cubra com água e leve ao fogo médio. Cozinhe por 20 minutos, ou até ficarem macios.
3. Retire a panela do fogo e coloque os legumes em um escorredor.
4. Na mesma panela, derreta a manteiga em fogo baixo.
5. Acrescente os legumes e amasse bem com um garfo ou amassador de batata.
6. Polvilhe a sálvia e o sal e misture bem.
7. Para servir, divida igualmente entre os pratos.

Salada Soundgarden

Descrição
Salada verde com avocado e pimentão

B.P.M.
5 minutos de preparo

Ingredientes
1 tomate para salada
1 pimentão vermelho
1 avocado
100 g de espinafre
100 g de rúcula
2 colheres (sopa) de azeite de oliva
1 colher (sopa) de vinagre balsâmico
1 colher (chá) de estragão desidratado

Abrindo para
Tex-Mex Pistols, ZZ Chop

Modo de preparo
1. Corte o tomate ao meio, e depois em quartos.
2. Corte o pimentão ao meio, descarte o talo e as sementes e fatie em tiras finas.
3. Corte o avocado ao meio e descarte o caroço. Descasque a fruta e pique-a em cubos médios.
4. Coloque o espinafre e a rúcula em uma tigela. Acrescente o tomate, o pimentão e o avocado. Mexa a salada para garantir que os ingredientes fiquem bem distribuídos pela tigela.
5. Para fazer o molho, despeje o azeite em uma tigela pequena, acrescente o vinagre balsâmico e o estragão e misture bem.
6. Despeje o molho sobre a salada e sirva.

Andrew W. Kale

Descrição
Couve kale apimentada com cogumelos

B.P.M.
5 minutos de preparo
8 minutos de cozimento

Ingredientes
1 dente de alho
30 g de cogumelos
100 g de couve crespa picada (tipo kale)
1 colher (chá) de azeite de oliva
1 colher (chá) de páprica defumada

Abrindo para
Pargo Scream, Def Sheppard

Modo de preparo
1. Descasque e pique o alho. Pique os cogumelos em pedaços pequenos.
2. Leve uma panela com água até a metade ao fogo médio. Espere ferver e coloque a couve. Cozinhe por 4 minutos.
3. Aqueça o azeite em uma frigideira em fogo alto e coloque os cogumelos e o alho. Tempere com a páprica.
4. Retire a panela com a couve do fogo e escorra a verdura. Transfira a couve para a frigideira com o alho e os cogumelos e cozinhe por mais 3 minutos.
5. Divida a couve entre os pratos e despeje sobre as porções o líquido que restar na frigideira.

bônus

Métodos avançados

Mistura de temperos para *pho*

Ingredientes

15 g de canela em pau
15 g de cravo-da-índia inteiro
15 g de anis-estrelado
15 g de bagas de cardamomo
15 g de sementes de coentro

Aparece em

Status Pho

Modo de preparo

1. Coloque todos os ingredientes em uma tigela e misture bem.
2. Encha um saquinho de tecido para temperos com 1 porção de 75 g da mistura e feche com um cordão.

Nota

Essa quantidade rende 75 g de tempero, o suficiente para uma panela de *pho*. Você pode fazer mais ao aumentar a quantidade de ingredientes proporcionalmente. Ao armazenar o tempero em um pote dentro de um armário arejado e longe da luz do sol, ele deve durar 6 meses.

Caldo de ossos para *pho*

Ingredientes

225 g de osso bovino recentemente desossado

Aparece em

Status Pho

Modo de preparo

1. Preaqueça o forno a 220ºC.
2. Coloque os ossos em uma assadeira. Leve ao forno e asse por 1 hora.
3. Transfira os ossos para uma panela grande, cubra com 2 litros de água e leve ao fogo alto até ferver. Abaixe o fogo, tampe a panela e cozinhe por 1 hora.
4. Desligue o fogo e deixe o caldo esfriar por 30 minutos.
5. Se tiver um separador de gordura, despeje o caldo nele e espere a gordura se separar totalmente antes de retirar o caldo. (Como alternativa, você pode colocar um pano de algodão limpo sobre uma peneira. Coloque a peneira sobre uma tigela e coe o caldo para separar a gordura.)

Molho sweet chili

Ingredientes

3 dentes de alho
2 pimentas dedo-de-moça
3 colheres (sopa) de vinagre
de vinho branco
100 g de açúcar refinado
1 pitada de sal
1 colher (sopa) de amido
de milho

Aparece em

Rolinhos Offspring

Modo de preparo

1. Descasque o alho e remova o caule das pimentas.
2. Coloque o alho, as pimentas, o vinagre, o açúcar, o sal e
150 ml de água em um liquidificador e pulse até obter um
purê ralo.
3. Transfira a mistura para uma panela e leve ao fogo até ferver.
4. Abaixe o fogo e cozinhe por 4 minutos.
5. Dissolva o amido de milho em um pouco de água.
Acrescente-o aos poucos à mistura, mexendo com um
batedor.
6. Retire do fogo e deixe esfriar por pelo menos 30 minutos.

Nota

O molho tem validade de cerca de 2 semanas. Para
armazená-lo, decante em uma garrafa ou pote de vidro
limpo, tampe e refrigere.

Separando a gema de um ovo

Ingredientes

1 ovo

Aparece em

Dim Sum 41
Spinal Tapioca
Whitesnaked Alaska

Modo de preparo

1. Tomando cuidado para não romper a gema, quebre o ovo na
metade sobre uma tigela e incline-o, para que a gema fique
apenas em uma metade da casca – um pouco da clara já vai
cair na tigela.
2. Com cuidado incline a metade da casca com a gema, para
que a maioria da clara caia na tigela. Transfira a gema para a
metade vazia da casca.
3. Gentilmente transfira a gema para outra tigela. Assim, você
terá 2 tigelas – uma com a clara, e outra com a gema.

Tempero picante de fajita

Ingredientes

6 colheres (chá) de amido
de milho
8 colheres (chá) de pimenta-
malagueta em pó
4 colheres (chá) de sal
4 colheres (chá) de páprica
4 colheres (chá) de açúcar
mascavo claro
2 colheres (chá) de cebola
em pó
1 colher (chá) de alho em pó
2 colheres (chá) de pimenta-
-de-caiena
1 colher (chá) de cominho
em pó

Aparece em

Limp Brisket
Tex-Mex Pistols

Modo de preparo

1. Coloque todos os ingredientes em uma tigela.
2. Misture bem.

Nota

Essa quantidade rende 85 g de tempero. Você pode fazer mais ao aumentar a quantidade de ingredientes proporcionalmente.

Tirando o filé de um peixe

Ingrediente

peixe

Aparece em

Pargo Scream

Modo de preparo

1. Se o peixe já estiver escamado, mas ainda não tiver sido limpo, abra a barriga do peixe com uma faca afiada e remova suas vísceras com uma colher.
2. Corte por trás das guelras e das nadadeiras do peixe, então o vire. Faça o mesmo do outro lado para soltar a cabeça. Agora você pode descartar a cabeça.
3. Usando a espinha como guia, corte por dentro da espinha, da cauda até a outra extremidade do peixe. Abra-o e puxe o filé na direção oposta à espinha.
4. Se algum dos filés não se soltar das espinhas, use a faca para separar o filé do corpo.
5. Vire o peixe e repita o procedimento, obtendo dois filés e uma parte central óssea do peixe que pode ser descartada.
6. Use uma pinça para remover quaisquer espinhas pequenas, tendo cuidado para não desmanchar a carne. Enxágue os filés.

Massa para torta

Ingredientes

100 g de manteiga sem sal gelada
225 g de farinha de trigo mais 1 colher (sopa) para polvilhar
1 pitada de sal

Aparece em

Smashing Pumpkin Pie

Modo de preparo

1. Corte a manteiga em cubos de 2 cm e reserve-os.
2. Peneire a farinha sobre uma tigela e acrescente a manteiga.
3. Usando a ponta dos dedos, esfarele a manteiga na farinha até obter uma farofa grossa, sem pedaços inteiros de manteiga.
4. Acrescente o sal e 3 colheres (sopa) de água fria. Usando uma colher, misture até formar uma massa.
5. Polvilhe 1 colher (sopa) de farinha de trigo sobre uma superfície limpa.
6. Gentilmente sove a massa sobre a superfície com farinha.
7. Embrulhe com papel-filme e deixe na geladeira até o momento de montar a torta.

Bolo esponja

Ingredientes

200 g de manteiga sem sal
100 g de açúcar refinado
2 ovos grandes
4 colheres (sopa) de xarope de bordo ou melado
200 g de farinha de trigo com fermento

Aparece em

Whitesnaked Alaska

Modo de preparo

1. Preaqueça o forno a 180ºC.
2. Forre uma fôrma de bolo com papel-manteiga.
3. Coloque a manteiga e o açúcar em uma tigela e bata com um garfo, até a mistura ficar leve e aerada.
4. Bata os ovos com a manteiga e o açúcar, adicionando um a um, então acrescente o xarope ou o melado e misture.
5. Junte a farinha e misture até ficar uniforme.
6. Transfira a mistura da tigela para a fôrma de bolo e nivele com uma espátula. Leve ao forno e asse por 40 minutos, ou até dourar.
7. Retire do forno e deixe amornar sobre uma grade de resfriamento antes de desenformar.

Índice de receitas – Entradas

Este índice é seu guia rápido para todas as receitas do livro, permitindo que você analise o nível de dificuldade e o tempo necessário para cada uma. Também listamos informações nutricionais e sobre alérgenos, seguindo a legenda abaixo:

- Ⓥ Vegetariana
- Ⓟ Pescetariana
- Ⓖ Sem glúten

MAIS FÁCIL
Pig Floyd
1/11

MAIS DIFÍCIL
Rolinhos Offspring
9/11

MAIS RÁPIDA
Rolinhos Offspring
20 min/5 min

MAIS DEMORADA
Status Pho
15 min/4h15min

Faixas bônus

12
Fleetwood Mac & Cheese
Dificuldade: 4/11
B.P.M.: 25 min/25 min
Ⓥ Ⓖ
por Eve Lloyd Knight
evelloydknight.co.uk

20
Captain Beeftarte
Dificuldade: 4/11
B.P.M.: 40 min/30 min

por Tom J. Newell
tomjnewell.com

22
Suzi Quatro Queijos
Dificuldade: 5/11
B.P.M.: 1h25min/15 min
Ⓥ Ⓖ
por Lynnie Zulu
lynniezulu.com

24
Slipnhoque
Dificuldade: 6/11
B.P.M.: 15 min/1h10min
Ⓥ Ⓖ
por Ewen Farr
unfarr.com

14
Pig Floyd
Dificuldade: 1/11
B.P.M.: 10 min/25 min

por Will Finlay
wbfinlay.tumblr.com

16
Tofu Fighters
Dificuldade: 3/11
B.P.M.: 5 min/20 min

por Anje Jager
anjejager.com

18
Patti Sanduíche
Dificuldade: 4/11
B.P.M.: 15 min/15 min

por Annemarieke Kloosterhof
annemariekekloosterhof.com

26
Status Pho
Dificuldade: 6/11
B.P.M.: 15 min/4h15min

por Joe Sparkes
joe-sparkes.com

28
Rolinhos Offspring
Dificuldade: 9/11
B.P.M.: 20 min/5 min

por Matt Robinson
matthewrobinson.co.uk

30
Dim Sum 41
Dificuldade: 7/11
B.P.M.: 30 min/8 min

por Joe Bichard
joebichard.com

Faixas bônus

Índice de receitas – Pratos principais

MAIS FÁCIL
Deep Pescado
2/11

MAIS DIFÍCIL
Ramenstein
9/11

MAIS RÁPIDA
Deep Pescado
10 min/15 min

MAIS DEMORADA
Limp Brisket
10 min/3h40min

Faixas bônus

34
Tex-Mex Pistols
Dificuldade: 6/11
B.P.M.: 15 min/15 min

por Adam Cruft
adamcruft.com

42
Ramenstein
Dificuldade: 9/11
B.P.M.: 20 min/3h50min

por Jack Hudson
jack-hudson.com

44
Deep Pescado
Dificuldade: 2/11
B.P.M.: 10 min/15 min

por Cassandra Agazzi Brooks
cassandraagazzibrooks.co.uk

46
Paella of Filth
Dificuldade: 6/11
B.P.M.: 10 min/25 min

por Louise Zergaeng Pomeroy
louisezpomeroy.com

Dark Side of the Spoon

36
Mötley Crüezido
Dificuldade: 3/11
B.P.M.: 10 min/35 min

por Hattie Stewart
hattiestewart.com

38
ZZ Chop
Dificuldade: 5/11
B.P.M.: 30 min/40 min

por Yeji Yun
seeouterspace.com

40
Metallikatsu Curry
Dificuldade: 8/11
B.P.M.: 10 min/50 min

por Bradley Jay
bradleyjay.co.uk

48
Pargo Scream
Dificuldade: 3/11
B.P.M.: 5 min/20 min

por Paul Hill (Vagabond Tattoo)
iamvagabond.co.uk

50
Def Sheppard
Dificuldade: 4/11
B.P.M.: 15 min/1h10min

por Mudrok
samuelmurdoch.co.uk

52
Limp Brisket
Dificuldade: 8/11
B.P.M.: 10 min/3h40min

por Paul Layzell
layzellbros.com

Faixas bônus

Índice de receitas — Sobremesas

MAIS FÁCIL
The Rolling Scones
2/11

MAIS DIFÍCIL
Spinal Tapioca
11/11

MAIS RÁPIDA
The Rolling Scones
15 min/15 min

MAIS DEMORADA
Whitesnaked Alaska
6h30min/15 min

Faixas bônus

56
Iron Muffin
Dificuldade: 4/11
B.P.M.: 1 hora/30 min
☺☺
por Andy Baker
andy-baker.com

64
Nirvana Split
Dificuldade: 4/11
B.P.M.: 40 min/1h10min
☺☺☻
por Patch D. Keyes
patchdkeyes.co.uk

66
Spinal Tapioca
Dificuldade: 11/11
B.P.M.: 4 horas/20 min
☺☺
por JMWL
jmwl.studio

68
Dire Dates
Dificuldade: 6/11
B.P.M.: 20 min/45 min
☺☺
por Peter Stadden
peterstadden.co.uk

58
Slayer Cake
Dificuldade: 8/11
B.P.M.: 45 min/35 min

por Sam Taylor
samtaylorillustrator.com

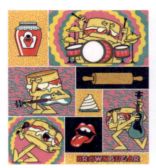

60
The Rolling Scones
Dificuldade: 2/11
B.P.M.: 15 min/15 min

por Rob Flowers
robflowers.co.uk

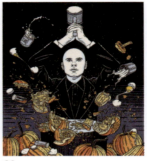

62
Smashing Pumpkin Pie
Dificuldade: 7/11
B.P.M.: 20 min/1h15 min

por Stuart Patience
stuartpatience.co.uk

70
Sepultempurá: Sorvete frito
Dificuldade: 10/11
B.P.M.: 6h10min/12 min

por Pete Sharp
petesharpart.com

72
Judas Peach
Dificuldade: 3/11
B.P.M.: 10 min/50 min

por Kristian Jones
kristian-jones.co.uk

74
Whitesnaked Alaska
Dificuldade: 10/11
B.P.M.: 6h30min/15 min

por Daniel Boyle
treatstudios.com

Informações nutricionais

Pratos sem glúten

Os seguintes pratos podem facilmente ser feitos sem glúten. No entanto, recomendamos que você verifique cada ingrediente, pois pode acontecer de algo inesperadamente conter glúten. Você pode preparar versões sem glúten destas receitas ao fazer o seguinte:

Tofu Fighters: Troque o molho de soja por molho de soja sem glúten.
Patti Sanduiche: Use um pão sem glúten.
Rolinhos Offspring: Troque a massa por uma massa de arroz (mas aí você não pode fritá-la); troque também o molho de soja por molho de soja sem glúten.
Mötley Crüezido: Verifique se o caldo não contém glúten e use um pão sem glúten.
Ramenstein: Troque o macarrão para lámen por macarrão de arroz e verifique se os temperos foram feitos em um ambiente sem glúten.
Paella of Filth: Verifique se o caldo não contém glúten.
Pargo Scream: Verifique se os temperos foram feitos em um ambiente sem glúten.
Def Sheppard: Verifique se o caldo não tem glúten.
Limp Brisket: Verifique se o tempero para fajita e o caldo de carne não contêm glúten.
The Rolling Scones: Use uma farinha sem glúten específica para pão.
Spinal Tapioca: A tapioca não tem glúten, mas os biscoitos têm.
Sepultempura: Use um pão sem glúten e use farinha sem glúten em vez da farinha de trigo. Verifique se o sorvete não contém glúten.
Judas Peach: Troque a farinha de trigo por farinha sem glúten e verifique se a aveia contém glúten.
Whitesnaked Alaska: Use um bolo sem glúten na base e verifique se o sorvete não contém glúten.

Pratos veganos — sem produtos de origem animal

Você pode preparar versões veganas destas receitas ao fazer o seguinte:

Tofu Fighters: Troque o mel por melado de cana.
Rolinhos Offspring: Troque a massa por massa de arroz (mas aí você não pode fritá-la).

Setlist

Organize um festival de música em sua cozinha. Na playlist do livro *Dark Side of the Spoon*, criada pelo tradutor do livro, cada uma das 36 receitas marca presença. Para ter a experiência completa, acesse o código QR abaixo. Divirta-se!

1. Fleetwood Mac – Go Your Own Way
2. Pink Floyd – Wish You Were Here
3. Foo Fighters – Learn To Fly
4. Patti Smith – Because The Night
5. Captain Beefheart – I'm Glad
6. Suzi Quatro – If You Can't Give Me Love
7. Slipknot – Before I Forget
8. Status Quo – Whatever You Want
9. The Offspring – Pretty Fly (For A White Guy)
10. Sum 41 – In Too Deep
11. Sex Pistols – God Save The Queen
12. Mötley Crüe – Dr. Feelgood
13. ZZ Top – Gimme All Your Lovin'
14. Metallica – Master Of Puppets
15. Rammstein – Du Hast
16. Deep Purple – Smoke On The Water
17. Cradle of Filth – From the Cradle to Enslave
18. Primal Scream – Screamadelica
19. Def Leppard – When Love & Hate Collide
20. Limp Bizkit – Rollin' (Air Raid Vehicle)
21. Iron Maiden – Hallowed Be Thy Name
22. Slayer – Raining Blood
23. The Rolling Stones – It's Only Rock'n'Roll (But I Like It)
24. The Smashing Pumpkins – Ava Adore
25. Nirvana – Come As You Are
26. Spinal Tap – Stonehenge
27. Dire Straits – Sultans Of Swing
28. Sepultura – Refuse/Resist
29. Judas Priest – Living After Midnight
30. Whitesnake – Here I Go Again
31. Bruce Springsteen – Born To Run
32. Korn – Freak On A Leash
33. Toto – Africa
34. Bachman-Turner Overdrive – You Ain't Seen Nothing Yet
35. Soundgarden – Black Hole Sun
36. Andrew W.K. – Party Hard

Faixas bônus

Encerramento

Este livro não teria sido possível sem a ajuda de uma quantidade enorme de gente. Gostaríamos de agradecer imensamente as seguintes pessoas por seu apoio e suas contribuições à criação de Dark Side of the Spoon:

Sophie Drysdale, Andrew Roff, Kathryn Colwell e a equipe da Laurence King Publishing Ltd.; Björn Almqvist, Andy Baker, Katie Baxter, Joe Bichard, Daniel Boyle, Cassie Agazzi Brooks, Tom Bunker, Alex Campbell, Fran Carson, Ollie Clarke, Adam Cruft, Stewart Davies, Mary-Jay East, Andrew Ellis (e a família Ellis), Lee Faber, Ewen Farr, Will Finlay, Amy Fletcher, Rob Flowers, Rob Gill, Nic Hargreaves, Robert Hastings, Paul Hill, Jack Hudson, Harriet, Rona, Sue, Vicki and Warren Inniss, Anje Jager, Kristian Jones, Chris Kay, Jae Kerridge, Patch D. Keyes, Annemarieke Kloosterhof, Eve Lloyd Knight, Paul Layzell, Gary Lincoln, Joe Luxton, Mandy, Peter e Penny Miller, Alice Moloney, Rebecca Morris, Hadi Mukhtar, Sam Murdoch, Tom Murphy, Tom J. Newell, Laura Nickoll, Stuart Patience, Tom Peacock, Louise Zergaeng Pomeroy, Garret Power, Sam Ritchie, Matt Robinson, Nicolas Robinson, Lily Samengo-Turner, Pete Sharp, Joe Sparkes, Jessica Spencer, Richard e Sharon Stadden, Lucy Stehlik, Hattie Stewart, Sam Taylor, Edward Whittaker, Yeji Yun e Lynnie Zulu.

Este livro foi composto em Basis Grotesque e impresso em papel offset 150 g pela gráfica Coan em agosto de 2024.